第1辑

宋志辉 主编

# 当代巴基斯坦研究

CONTEMPORARY PAKISTAN STUDIES

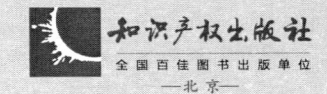

知识产权出版社
全国百佳图书出版单位
—北京—

图书在版编目（CIP）数据

当代巴基斯坦研究. 第 1 辑 / 宋志辉主编. —北京：知识产权出版社，2024.1
ISBN 978-7-5130-7994-5

Ⅰ.①当… Ⅱ.①宋… Ⅲ.①巴基斯坦—研究 Ⅳ.①D735.3

中国版本图书馆 CIP 数据核字（2021）第 266943 号

### 内容提要

2021 年恰逢中国与巴基斯坦建交 70 周年，四川大学巴基斯坦研究中心在四川大学、中巴两国使领馆的大力支持下，推出《当代巴基斯坦研究》第 1 辑，囊括《中巴产业合作对巴基斯坦的减贫效益分析》《我国巴基斯坦研究的知识图谱分析》《"一带一路"背景下中巴农业合作初探》等文章，旨在进一步推进对巴基斯坦政治、经济、社会、文化等多领域、多层次研究。

本书适合国别研究、巴基斯坦研究领域的学者、相关部门工作人员及对巴基斯坦政治、经济、文化感兴趣的大众阅读。

责任编辑：高　源　　　　　　　　　　责任印制：孙婷婷

## 当代巴基斯坦研究　第 1 辑
**DANGDAI BAJISITAN YANJIU　DI 1 JI**

宋志辉　主编

| | | | |
|---|---|---|---|
| 出版发行 | 知识产权出版社有限责任公司 | 网　　址 | http://www.ipph.cn |
| 电　　话 | 010-82004826 | | http://www.laichushu.com |
| 社　　址 | 北京市海淀区气象路 50 号院 | 邮　　编 | 100081 |
| 责编电话 | 010-82000860 转 8701 | 责编邮箱 | laichushu@cnipr.com |
| 发行电话 | 010-82000860 转 8101 | 发行传真 | 010-82000893 |
| 印　　刷 | 北京中献拓方科技发展有限公司 | 经　　销 | 新华书店、各大网上书店及相关专业书店 |
| 开　　本 | 720mm×1000mm　1/16 | 印　　张 | 8 |
| 版　　次 | 2024 年 1 月第 1 版 | 印　　次 | 2024 年 1 月第 1 次印刷 |
| 字　　数 | 113 千字 | 定　　价 | 58.00 元 |
| ISBN 978-7-5130-7994-5 | | | |

出版权专有　侵权必究
如有印装质量问题，本社负责调换。

# 序言

巴基斯坦伊斯兰共和国（以下简称"巴基斯坦"）位于南亚次大陆西北部，东接印度，东北与中国毗邻，西北与阿富汗交界，西邻伊朗，南濒阿拉伯海，在全球地缘政治版图中具有重要的战略位置，对我国具有极其重要的地缘战略价值。巴基斯坦是我国的友好邻邦。中巴两国于1951年正式建立外交关系，70年来，两国在和平共处五项原则的基础上发展睦邻友好和互利合作关系，经受住了国际风云变幻的严峻考验。2008年5月，我国四川遭遇百年不遇的特大地震，巴基斯坦倾其所有千里驰援，充分体现了两国人民的深厚情谊，深刻诠释了"巴铁"精神，两国人民感情更加深厚，两国关系更加紧密。多年来，中巴两国政府和人民始终守望相助、命运与共，两国建立了"好朋友、好伙伴、好邻居、好兄弟"全天候战略合作伙伴关系，共同致力于地区和平与稳定。

四川大学高度重视对巴基斯坦问题的研究，致力于向国内外学术界和社会各界介绍巴基斯坦的发展、变化和所取得的成就，积极推进两国政治、经济和文化等各领域关系的交流与合作，形成了颇具特色的学术传统和高端学术平台，得到中巴两国政府和人民高度评价和认可。2007年，时任巴基斯坦总理肖卡特·阿齐兹博士访华期间，专程到访四川大学，见证四川大学与巴基斯坦旁遮普大学共建巴基斯坦研究中心的签约仪式，冀望加强中巴两国学术交流与对话，共同推进两国关系全方位健康发展。经过一年的筹备，2008年11月18日，由巴基斯坦驻华大使馆资助的四川大学巴基斯坦研究中心正式揭牌。巴基斯坦研究中心的成立，为国内外学术界研究巴基斯坦及南亚相关问题提供了新的契机和交流平台，为两国政治、经济、文化、社会等领域的交往与合作提供新的助力。

2021年8月，美国从阿富汗撤军给南亚和中亚地缘局势带来深刻影响，全球地缘政治格局也随之发生重大变动。无论在推进和维护南亚、中亚的地区和平稳定方面，还是在打击"三股势力"方面，巴基斯坦都是一支不可忽视的重要力量。在此背景下，加强和深化巴基斯坦及周边相关问题的研究，已经成为当代国际政治研究的热点问题。

2021年恰逢中巴建交70周年，四川大学巴基斯坦研究中心在四川大学、中巴两国使领馆的大力支持下，在既往雄厚研究基础之上，推出《当代巴基斯坦研究》辑刊，旨在进一步推进对巴基斯坦政治、经济、社会、文化、国际关系等多领域多层次研究。期望以此为平台，团结国内外学术界同仁，全面加强对巴基斯坦基础性问题、战略性重大问题的研究，不断提升理论研究水平，促进该领域高水平研究成果的产出，为中巴两国和两国人民服务。

巴基斯坦是一个内靠山脉、面向海洋的国家。本书关注了中巴产业合作对巴基斯坦减贫效益的积极作用、"一带一路"背景下中巴农业合作的诸多可能性，以及巴基斯坦海洋政策的新变化。位于南亚的巴基斯坦，同时也处于阿富汗变局与中巴命运共同体建设中，本书讨论了其所面临的挑战与机遇。

我们衷心希望《当代巴基斯坦研究》所搭建的学术交流平台，能够集众人之长、纳百家之言，成为推进当代巴基斯坦研究、加强国际政治研究的重要学术阵地，推动中巴关系研究迈上新台阶。在此，我们谨以《当代巴基斯坦研究》第1辑献礼中巴建交70周年，祝愿中巴友谊万古长青！

四川大学巴基斯坦研究中心主任

2021年12月于四川大学望江校区

# 目录

| 页码 | 内容 |
|---|---|
| 1 | 中巴产业合作对巴基斯坦的减贫效益分析<br>宋志辉 |
| 17 | "一带一路"背景下中巴农业合作初探<br>陈小萍 |
| 33 | 巴基斯坦海洋政策新变化及其对中巴海洋合作的启示<br>刘思伟　吴小玲 |
| 50 | 中国巴基斯坦研究知识图谱分析<br>苏　楠 |
| 73 | 阿富汗反恐局势走向及其对中巴合作的影响<br>修光敏 |
| 84 | 正义运动党与巴基斯坦政党新格局：历史成因与未来走向<br>杜　芳　徐泽惠　张　露 |
| 105 | 中巴命运共同体建设的挑战与应对策略<br>杨鹠飞　孙　纬 |

# 中巴产业合作对巴基斯坦的减贫效益分析

宋志辉 *

**【摘要】** 巴基斯坦是一个以农业为主要产业的发展中国家。除农业外，巴基斯坦的皮革业、制造业、纺织业和服务业也具有一定优势，但由于技术和资金等原因，巴基斯坦的产业发展较为缓慢。随着中巴经济走廊建设的启动，特别是瓜达尔自由区和中巴经济走廊项下经济特区的建立，越来越多的中国企业走进巴基斯坦开展相关领域的产业合作。巴基斯坦地处南亚西部，邻近中东和非洲，具有优越的地域条件及低劳动力成本和原材料优势。中巴双方通过优势互补开展产业合作，对于巴基斯坦的经济发展和减贫事业具有巨大推动作用，并将带来可观的经济和社会效益。

**【关键词】** 产业发展；中巴合作；减贫；效益

巴基斯坦是一个以农业经济为主的发展中国家，农业产值约占国内生

---

\* 宋志辉：四川大学国际关系学院教授，中国南亚研究中心学术委员会委员，四川大学巴基斯坦研究中心主任。

产总值的20%，工业基础较为薄弱，服务业较为发达，产业发展不均衡。2015年4月，中巴经济走廊建设正式启动后，产业合作和产业园区建设成为中巴经贸合作的主要内容。目前，中巴经济走廊建设第一阶段22个早期收获项目中已有14个建成，能源及基础设施等早期收获项目的完成极大地缓解了巴基斯坦电力紧缺的局面，为下一阶段走廊建设，特别是产业发展打下坚实基础。在中巴经济走廊第二阶段建设中，中巴合作重点应放在农业、制造业和产业园区建设方面，通过产业合作带来的经济和社会效益改善巴基斯坦民生，促进巴基斯坦经济的全面发展。根据《中巴经济走廊远景规划（2017—2030年）》，中巴产业合作的主要方向涵盖从纺织、工程器材到现代农业、物流等诸多方面。巴基斯坦地处南亚西部，邻近中东和非洲，具有优越的地域条件及低劳动力成本和原材料优势。中巴在相关领域开展合作可以带动巴基斯坦的经济增长和居民收入的增加，其产生的经济和社会效益可以推动巴基斯坦的减贫事业，使更多的巴基斯坦民众能够尽快摆脱贫困，走上发展致富的道路。❶

## 一、巴基斯坦的支柱产业及中巴合作潜力

巴基斯坦自1947年独立以来，经济发展曾经有过较快的速度，一度超过美国、欧洲等工业化国家。❷近年来，巴基斯坦的产业结构不断调整，但总体上仍处于前工业化向工业化初期过渡的过程中，具体表现为第一产

---

❶ 白婧."一带一路"的经济影响和减贫效应[EB/OL].（2020-01-09）[2021-03-06].http://www.cssn.cn/glx/glx_wlgl/202001/t20200107_5072814.shtml.

❷ 殷永林.独立以来的巴基斯坦经济发展研究：1947—2014[M].北京：中国社会科学出版社，2016：58.

业就业人员过多、工业化比例不够高、服务业过早居于国民经济的主导地位、人力资本开发不充分、城市化水平偏低等。巴基斯坦拥有多元化的经济体系，经济结构由主要以农业为基础转变为以服务业为基础，农业只贡献了国内生产总值的约20%，服务业约占50%。巴基斯坦的产业结构极其不合理，各产业间的良性循环并没有建立起来，农业发展占用过多的劳动力，工业始终得不到发展，服务业的崛起并不是在工业化的发展基础上的增长，其背后折射出的是工业化基础薄弱、工业化水平偏低的问题。从区域经济长期发展来看，巴基斯坦三次产业发展缺乏整体协调，导致资源投向长期侧重于农业和服务业，由此产生资源供应、交通、物流等诸多问题。基础设施薄弱，工业化改革成效甚微，社会底层人民的生活水平得不到提高，成为巴基斯坦贫困的重要原因。

## （一）农业生产率低，发展潜力大

巴基斯坦是典型的农业国家，全国可耕地面积57.68万平方千米。由于地处热带和亚热带，水果资源非常丰富，主要农产品有小麦、大米、棉花、甘蔗等。农业在巴基斯坦国民经济中占有重要地位，农村人口占总人口的66%左右，农业吸收了全国47.5%的劳动力就业，国家外贸外汇收入的42%通过农产品出口实现。巴基斯坦的农业生产活动主要分布在自然条件相对优越的印度河流域，农业生产高度依赖气候和灌溉；小麦、水稻、玉米等粮食作物产量较大，棉花生产具有比较优势，林业资源匮乏，渔业发展具有一定的基础和潜力，畜牧业发展基础良好，乳业具有较强的潜在比较优势；快速增长的人口使粮食安全成为巴基斯坦农业部门需要正视的问题。由于巴基斯坦农业生产系统脆弱，因此需要加大农业基础设施的投资，发展节水农业，保护生态环境，推广先进农业生产技术，提升农业生产效率；完善农业配套产业，提升农业商品化率，发挥农业比较优势和潜能。农业应是中巴经济走廊产业园区建设的重点，特别是现代农业合作应是产业合作的重要内容。对巴基斯坦来说，农业领域合作带来的更多就业机会及农作物产量的提高也将惠及更多民众，快速带来经济效益，迅速发挥减贫作用。

## （二）服务业占比大，附加值偏低

服务业在巴基斯坦经济中占有主导地位，近年来发展迅速，服务业总体上保持着上升的态势，对经济增长的贡献越来越大，2002年服务业增加值占GDP比重甚至达到52.78%（图1），成为拉动经济增长的主要动力之一。巴基斯坦服务业在其国民经济中占比较大，服务市场开放度也高于发展中国家平均水平，但附加值较低，而且其服务贸易面临逆差逐年扩大、国际竞争力不足、结构不合理等问题。中巴经济走廊建设启动以来，两国在服务业领域的投资方兴未艾，双边服务贸易潜力巨大。随着中巴经济走廊建设的稳步推进，双方在工程承包、交通运输、通信等行业的服务贸易合作前景广阔。随着巴基斯坦服务业的迅速发展，三次产业间的比例也在不断优化，有力地推动服务业的产值逐年增加。服务业的产值呈现递增趋势，以金融业和保险业增长最为明显，对经济的拉动作用越来越大。目前，巴基斯坦已成为我国在南亚地区最大的投资目的地。

图1 巴基斯坦服务业增加值占GDP比重走势

资料来源：快易数据网。

## （三）制造业相对落后，人力资源优势未得到发挥

巴基斯坦人口超过2亿人，青年人口比例大；制造业是巴基斯坦的经济支柱，但制造水平相对落后，巨大的人力资源优势未得到发挥。2017—2018财年制造业对巴基斯坦国内生产总值的贡献率仅为13.6%。从规模型制造业产品的产出情况来看，纺织、食品、焦炭及石油产品、钢铁、汽车、肥料、医药七个规模型制造业增长值所占的份额仍然保持在55%以上。而纺织业是巴基斯坦制造业中最重要的行业，有着较为完整的产业链条，包括从原棉、轧棉、纺纱、布料、印染直到成衣制造环节。纺织业贡献了近1/4的工业增加值，为40%的工业劳动力提供了就业岗位，占全国银行信贷的40%，在国家对外出口中占据60%的份额。2017—2018财年，巴基斯坦纺织品出口同比增长约8.67%，达到135.3亿美元。❶受新型冠状病毒肺炎疫情前政府实施的紧缩性货币政策和财政政策，以及疫情导致的需求萎缩的影响，巴基斯坦2019—2020财年大规模制造业（LSM）产出下降10.17%，远低于政府设定的3.1%的增长目标。巴基斯坦官方数据

---

❶ 巴基斯坦制造业概况［EB/OL］.（2018-10-11）［2021-10-11］. http://pk.mofcom.gov.cn/article/ddgkjj/201810/20181002794378.shtml.

显示，大规模制造业约占巴基斯坦制造业总产值的 80%，约占巴基斯坦全国总产值的 10.7%。2019—2020 财年所有重要行业的产出均呈下降趋势，大规模制造业产出下降拖累了工业整体表现。❶

### （四）纺织业规模大，仍有发展空间

巴基斯坦是全球重要的纺织大国，棉纱和棉布出口量居世界前列；从业人数约 1500 万，约占制造业劳动力总人口的 40%；纺织业信贷规模占巴基斯坦制造业信贷规模的 40%，产业增加值占国内生产总值的 8%。纺织业是巴基斯坦的支柱产业，在巴基斯坦工业生产、出口、劳动就业乃至整个国民经济发展中占有举足轻重的地位。近年来，巴基斯坦纺织业的发展虽然达到了较高水平，但也面临着日益激烈的国际市场竞争所带来的危机，因此政府非常重视该行业的技术更新改造，鼓励对该行业投资，特别是大力鼓励吸引外资。棉花是巴基斯坦赖以生存的主要经济作物，是巴基斯坦支柱产业——纺织业的基础和出口创汇的主要来源。巴基斯坦的棉纺织品和原棉的出口占巴基斯坦全部出口总值的 65%，棉花生产的稳定和增产对于巴基斯坦的纺织业乃至整个国民经济的发展至关重要。巴基斯坦与其主要贸易伙伴在纺织业方面的合作既涉及贸易投资，又有合作开发。例如，美国曾在巴基斯坦中小纺织企业中推行"针织成衣出口扶持计划"，资助中小纺织企业建设生产基地、培训员工、升级改造机器设备和提供认证服务等。相对而言，中巴在纺织业发展领域的合作仍有较大发展空间。经过 40 多年的积累，中国的纺织业在品牌建设、企业管理、资本运作、人才培育、产业配套等方面积累了丰富的经验，拥有相对优势，而这些恰

---

❶ 巴基斯坦 2020 年大规模制造业产出下降 10.17% [EB/OL].（2020-08-14）[2021-10-11]. http://www.nengyuanjie.net/article/39538.html.

恰是巴基斯坦纺织业的短板，"长短结合"的潜力空间为两国纺织业深化合作提供了机遇。

## 二、中巴经济走廊建设对巴基斯坦产业发展的推动

中巴经济走廊北起中国新疆喀什，南至巴基斯坦俾路支省瓜达尔港，全长约 3000 千米，北接"丝绸之路经济带"，南连"21 世纪海上丝绸之路"，是一条包括公路、铁路、油气和光缆通道在内的贸易走廊，是"一带一路"建设的先行先试项目。中巴经济走廊建设启动以来，中巴双方在第一阶段的建设中克服各种困难，积极采取措施，通过鼓励中方企业在巴基斯坦投资，深化两国在常规能源、可再生能源和民用核能领域的合作，升级改造喀喇昆仑公路，加强交通基础设施建设合作，特别是在能源、电信、农业等领域加强合作，如期完成第一阶段建设，目前已进入以产业园区建设和中巴产业合作为重点的第二阶段建设。中巴经济走廊项目有 70 个，其中 46 个项目已开工建设或已完工。能源及基础设施等早期收获项目的竣工有效缓解了巴基斯坦电力紧缺的局面，为中巴产业合作打下了坚实的基础。

### （一）重点能源项目基本完成，为巴基斯坦产业发展提供了充足动力

长期以来，巴基斯坦面临严重的能源短缺困境，经济发展受到严重影响。在中巴经济走廊第一阶段建设中，能源领域是进展最快、成效最显著的领域。经过多年的建设，已竣工的能源项目极大缓解了巴基斯坦电力供应不足的局面，并对巴基斯坦调整电力能源结构、降低发电成本等方面产生深远影响。2021 年 5 月 28 日，巴基斯坦拉沙卡伊特别经济区举行开

工仪式，标志着中巴经济走廊框架下实施的首个产业园区进入全面建设阶段。巴基斯坦总理伊姆兰·汗在开工仪式上表示，中国工业化水平在过去数十年飞速发展，有很多值得巴方学习的经验，能同中方在巴中经济走廊框架下合作，建设拉沙卡伊特别经济区对巴方意义重大。中国驻巴基斯坦大使农融也在开工仪式上表示，合作推进产业园区建设是中巴经济走廊迈向高质量发展的重要一环。一座现代化产业园区能够有效整合资源、培育具有竞争力的产业集群并增加出口，从而帮助巴基斯坦实现可持续发展。❶

**（二）喀喇昆仑公路改造完成，为巴基斯坦产业园区建设奠定了坚实基础**

始建于20世纪70年代的喀喇昆仑公路，又称"中巴友谊公路"❷，东起中国新疆喀什，穿越喀喇昆仑、兴都库什和喜马拉雅三大山脉，经过中巴边境口岸红其拉甫山口，直达巴基斯坦北部城镇塔科特，全长1224千米。由于年久失修，加上春季融雪、夏季降雨等原因，这条陆路交通常被堰塞湖阻断。2008年2月，由中国路桥工程有限责任公司负责实施的喀喇昆仑公路改扩建项目正式启动，新的二期工程在对原有公路提升、改造的基础上，将喀喇昆仑公路延伸至巴基斯坦腹地。同时，项目二期处于中巴经济走廊陆路通道的核心路段，是巴基斯坦公路网南北主要骨架的重要组成部分。2016年5月9日，中巴经济走廊巴基斯坦白沙瓦至卡拉奇高速公路项目的苏库尔至木尔坦段开工，全长392千米，全线按照双向6车道、

---

❶ 李浩.中巴经济走廊首个产业园区进入全面建设阶段［EB/OL］.（2021-05-29）［2021-08-25］.http://m.xinhuanet.com/2021-05/29/c_1127505866.htm.

❷ 东北—西南走向。

时速 120 千米标准设计，是迄今中巴经济走廊耗资最大的基础设施项目。白沙瓦至卡拉奇高速公路项目原定南起巴基斯坦第一大城市卡拉奇，北至第二大城市拉合尔，而后计划延伸至西北边境重镇白沙瓦，全长 1152 千米，项目沿线地区生产总值占巴基斯坦国内生产总值 90% 以上，建成后将成为连接巴基斯坦南北的经济大动脉。

**（三）瓜达尔港口建设有序推进，为巴产业布局打通了出海口**

2013 年，中国海外港口控股有限公司取得瓜达尔港口及自由区运营权。经过多年建设，瓜达尔港港口各项功能修复完毕，码头运行恢复正常，码头建设二期工程加紧规划。瓜达尔港自由区建设稳步推进，已有数十家中巴企业入园，为这座人口不足 10 万的渔业小城居民创造了大量工作机会，当地百姓从港口建设中直接受益。❶ 中国公司安装的日处理能力达 550 万加仑的海水淡化设施，不仅能满足港口内生产和生活需要，每月还能向附近居民提供免费淡水。此前，由新疆克拉玛依市政府援建的中巴经济走廊首座多要素自动气象站在瓜达尔建成并投入使用。气象站不仅为瓜达尔港区提供实时气象服务，还为后期开展海运、航空、环境等全方位气象服务奠定基础。之后，瓜达尔港东湾快速路启动，该项目有助于便利港口货物运输，增强港口同其他区域的联通，提高进出口物流能力。

**（四）铁路和机场建设提档升级，为巴基斯坦产业发展提供了物流条件**

根据中巴双方于 2016 年 1 月达成的协议，卡拉奇—白沙瓦和塔克西

---

❶ 赵小鹏. 瓜达尔港建设成果丰硕未来可期 [EB/OL].（2020-08-08）[2021-08-25]. http://intl.ce.cn/specials/zxgjzh/202008/08/t20200808_35482412.shtml.

拉—哈维连铁路升级（ML-1 铁路升级）在中巴经济走廊第一阶段建设期内完成，该铁路全长 1681 千米，运营能力占巴基斯坦铁路运营能力的 70%，能够解决巴基斯坦铁路亏损问题。巴基斯坦铁路建设分短、中、长三阶段，第一阶段包括在哈维连建造干货码头和完成 ML-1 铁路升级，该阶段于 2020 年完成；第二阶段包括完成 ML-2 铁路升级（戈德里—阿塔克）和扩建，连通奎塔、瓜达尔等地，该阶段将于 2025 年完成；第三阶段包括完成哈维连至红其拉甫铁路建设，全长 682 千米，将于 2030 年完成。与此同时，其他领域的建设也在有序推进。2018 年 5 月 1 日，由中国建筑股份有限公司承建的伊斯兰堡新国际机场正式通航，标志着巴基斯坦国内最大、最先进机场进入运营阶段。2019 年 11 月 2 日，中巴经济走廊建设的重点项目——中国援助巴基斯坦瓜达尔建设新国际机场举行奠基仪式并正式开建，目前新机场建设正有序推进。新机场建成后，瓜达尔港将成为新的空中交通枢纽，并在中巴经济走廊建设中发挥巨大作用。❶

## 三、产业发展对巴基斯坦减贫事业的作用

2019 年 5 月，巴基斯坦总理伊姆兰·汗访华期间，中巴双方达成协议，中国政府同意根据巴基斯坦政府的优先事项调整中巴经济走廊建设重点，在中巴经济走廊的下一阶段建设中以经济特区为载体的产业合作将成为重点，并鼓励私营企业投资和合资企业投资，同时致力于社会领域的合作。作为"一带一路"倡议的重要组成部分，中巴经济走廊的初衷是加强中巴之间交通、能源、通信、海洋等领域的交流与合作，加强两国互联互通，促进两

---

❶ 牛龙龙，李广超. 中铁北京工程局参建的中国最大援外工程巴基斯坦瓜达尔新国际机场项目正式开工 [EB/OL]. （2019-11-05）[2021-08-26]. https://m.gmw.cn/baijia/2019-11/05/33294538.html.

国经济的共同发展。中巴两国同意以中巴经济走廊建设为引领，以瓜达尔港、能源、交通基础设施、产业园区合作为重点，打造"1+4"经济合作布局。产业发展无疑将对巴基斯坦的减贫事业发挥巨大推动作用。

**（一）中巴经济走廊建设将极大推动巴基斯坦产业发展**

中巴经济走廊是一扇引领巴基斯坦走向进步与繁荣的大门，将为巴基斯坦提供诸多发展机会。2018年年底，在《中华人民共和国和巴基斯坦伊斯兰共和国关于加强中巴全天候战略合作伙伴关系、打造新时代更紧密中巴命运共同体的联合声明》中，双方将重点转向产业合作，旨在改善民生，促进农业、渔业和先进技术产业合作。2019年年初，伊姆兰·汗总理明确表示将成立中巴经济走廊商业咨询委员会，负责向巴政府提供推进中巴经济走廊产业园区建设的政策建议。❶ 这表明，随着能源电力和基础设施条件的不断改善，未来的新项目将更多惠及民生需求和产业发展。产业合作和产业园区建设已成为中巴经济走廊建设的重要内容。巴基斯坦政府承诺将尽一切努力使之成为真正的贸易与经济走廊，确保市场准入、工业转型、社会经济发展、扶贫和农业现代化顺利进行，将瓜达尔港发展成为石油城市和转运中心。在中巴经济走廊第二阶段工程建设中，双方将在农业、家具、皮革、汽车配件、建材、化工、纺织和渔业等领域展开广泛合作，并大力推动两国中小企业之间展开合作，从而进一步推动巴基斯坦产业发展。

**（二）瓜达尔港将在巴基斯坦产业发展中发挥龙头引领作用**

瓜达尔港作为中巴经济走廊建设的龙头，具有区位优势，是推动巴基

---

❶ 孙昌岳. 中巴产业合作前景广阔 [EB/OL]. (2019-02-11) [2021-08-29]. http://www.ce.cn/xwzx/gnsz/gdxw/201902/11/t20190211_31442130.shtml.

斯坦产业持续高速发展的重要支撑，必将在其产业发展中发挥龙头作用。瓜达尔港口、瓜达尔自由区、东湾高速公路、新机场和卫生与教育项目，以及城市总体规划的确定已经成为瓜达尔市发展的重要里程碑。这不仅促进了当地经济繁荣，还为瓜达尔及俾路支省的青年人创造了大量就业机会。得益于其独特的地理位置，瓜达尔航线有潜力成为中亚各国乃至全世界最繁忙的航线。此外，中巴经济走廊的蓬勃发展也吸引了其他国家对瓜达尔港的注意力。

### （三）经济特区建设将成为产业合作的重要基地

设立经济特区，就是要在这个地区实行特殊的经济政策和特殊的经济体制，实行有别于其他地区的全新的经济政策和经济体制。建设经济特区要结合本国实际情况，建成有本国特色的园区。总的目标，就是要通过一系列优惠政策的颁布，使经济特区吸引国内外投资商的大规模投资，从而使经济特区迅速发展成为国家经济技术发展的火车头。❶ 经济特区将通过基建方面的投资或承接中国优势产能产业加快发展，形成新的产业集群。巴基斯坦将进一步优化营商环境，争取更多的中国投资并扩大对中国货物和服务出口。巴基斯坦的海洋渔业有很大的出口潜力，但需要引进世界先进的捕鱼方法和鱼类加工技术。巴基斯坦希望通过合资公司的形式发展造船业、建造厂房，以及海洋渔业保鲜所需要的制冰业。

### （四）文化旅游业发展将会带来巨大就业机会

巴基斯坦具有悠久的历史文化和丰富的旅游资源，但由于多方面原

---

❶ 成锡忠.开办经济特区是中巴经济走廊建设的丰富和发展[EB/OL].（2020-04-02）[2021-08-29]. https://www.thepaper.cn/newsDetail_forward_6761952.

因，巴基斯坦的文化旅游产业起步很晚，20世纪70年代初才成立旅游公司。经过多年的发展，巴基斯坦的旅游业基本能满足各项旅游活动的需要，旅游资源得到了一定的开发和利用，且开发和利用空间巨大。近年来，巴基斯坦旅游人数大幅增加，2014年全国接待游客160万人，2018年达660万人，旅游人数增幅达313%。其中，博物馆和名胜古迹参观人数从2014年的170万，增加至2018年的270万人，增幅达59%。旁遮普省是巴基斯坦境内最大的旅游目的地，接待游客数量占全国的95%，其中拉合尔古堡、巴德夏希清真寺、沙利马尔花园等景点深受游客喜爱。而吉尔吉特-巴尔蒂斯坦是一个尚待开发的地区，旅游业发展潜力巨大。根据中巴经济走廊长期发展计划，中巴同意探索建设"2+1+5"旅游发展带：以卡拉奇港和瓜达尔港为中心，以沿海旅游带为轴心，设立5个旅游区——吉沃尼—瓜达尔旅游区、切尔切奥旅游区、奥马拉旅游区、萨米尼旅游区和凯蒂班德旅游区。[1]

## 四、中巴产业合作对巴基斯坦减贫效益分析

2015年10月16日，2015减贫与发展高层论坛在北京人民大会堂举行，习近平主席发表主旨演讲。习近平指出，消除贫困是人类的共同使命。中国在致力于自身消除贫困的同时，始终积极开展南南合作……支持和帮助广大发展中国家特别是最不发达国家消除贫困。[2] 改革开放40多年来，中国已有8亿多人摆脱贫困，占同期全球减贫人口总数的70%以

---

[1] 元小娜，王泽彪．阿卜杜勒·萨米：中巴经济走廊将引领巴基斯坦走向进步与繁荣[EB/OL].（2019-10-30）[2021-08-29]. http://intl.ce.cn/specials/zxgjzh/201910/31/t20191031_33483268.shtml.

[2] 习近平：消除贫困是人类的共同使命[EB/OL].（2015-10-16）[2021-08-30]. http://www.xinhuanet.com/politics/2015-10/16/c_128325295.htm.

上。中国减贫工作取得了举世瞩目的巨大成就，顺利于 2020 年完成脱贫攻坚的历史性任务，成为人类历史上的一项壮举。中国减贫事业之所以能够取得成功，离不开中国共产党极富远见的领导力，离不开中国人民非凡的决心和毅力。中国的减贫事业获得成功的一条重要经验就是发展产业。中巴开展产业合作的中巴经济走廊"1+4"经济合作模式，就是以经济走廊为引领，以瓜达尔港、交通基础设施、能源、产业合作为重点，形成"1+4"合作布局，除为巴基斯坦的减贫事业带来直接效益和间接效益外，还将带来巨大的经济效益和社会效益。

## （一）园区建设将大力推动巴基斯坦的产业发展

建设中巴经济走廊，不仅对中巴两国发展具有强大推动作用，优化巴基斯坦在南亚的区域优势，有助于促进整个南亚的"互联互通"，而且能将南亚、中亚、北非等地区通过经济、能源领域的合作紧密联合在一起，形成经济共振，其建设将惠及近 30 亿的人口。从巴基斯坦方面看，中巴经济走廊建设将直接为当地民众提供大量工作机会，有效改善巴基斯坦基础设施滞后状况，助力巴基斯坦改善电力供给，推动其渔业、农产品、纺织等产品"走出去"，为巴基斯坦摆脱经济困境提供重大机遇。根据中巴经济走廊规划，中巴经济走廊建设不仅涵盖"通道"的建设和贯通，更重要的是以此带动中巴双方在走廊沿线开展重大项目、基础设施、能源资源、农业水利、信息通信等多个领域的合作，创立更多工业园区和自贸区，推动巴基斯坦的产业发展，为巴基斯坦的经济和社会发展带来长期效益。

## （二）产业转移创造的就业机会将带来直接效益

巴基斯坦人口众多，青年人口占比较大，就业问题特别是如何使广大青年人群实现充分就业，仍是困扰和制约巴基斯坦经济发展的重大瓶颈，也是其国家层面需要妥善解决的重要课题。伊姆兰·汗总理积极肯定中巴经济走廊对巴基斯坦经济、社会发展的有力支持。大批巴籍员工直接参与中巴经济走廊框架下各类项目的建设和经营，与项目紧密关联的上下游产业的发展更为当地民众带来了大量宝贵的就业机会。巴基斯坦计划委员会数据显示，中巴经济走廊早期收获项目已创造 3.8 万个工作岗位，其中 75% 以上为当地就业。预计未来的 5~7 年，走廊项目将继续为巴基斯坦创造 50 万个就业机会，走廊建设将在这方面提供最广泛的资源和平台。[1] 中国和巴基斯坦已将 2019 年定为"中巴产业合作年"，大力推动巴基斯坦经济特区的建设，并确保瓜达尔港新国际机场、医院等项目的顺利完成。2019 年 1 月，中巴双方签署的产业合作谅解备忘录为促进巴基斯坦纺织、石化、钢铁等重点产业发展提供了框架。双方同意将开–普省的拉沙卡伊经济特区、旁遮普省的 M3 经济特区、信德省的塔贝吉经济特区作为优先发展对象，加快经济特区的建设。

## （三）农产品加工业能够带来巨大的经济效益

巴基斯坦是个农业国，农村人口多，但由于种植技术落后，农业收入长期处于较低水平。2019 年 10 月 30 日，巴基斯坦总统阿里夫·阿尔维在伊斯兰堡出席中巴农业合作论坛时表示，巴基斯坦应当学习中国在农业领

---

[1] 张任重.中巴经济走廊是巴基斯坦发展的"黄金机遇"——访巴基斯坦正义运动党主席伊姆兰·汗[N].光明日报，2018-07-23.

域中水资源利用、育种、机械化等方面的经验，努力提高农产品附加值，扩大农产品出口。阿尔维表示，中巴经济走廊是为民众带来福祉的源泉，相信随着两国合作水平不断提高，未来几年内双方会在农业领域取得更加丰硕的成果。❶ 作为巴基斯坦经济的核心产业，农业雇用了全国近40%的劳动力，对该国国内生产总值的贡献率约为20%。中巴经济走廊规划将帮助巴基斯坦改善人民生活，缩小地区发展差距，有助于缓和其社会矛盾和部族冲突，消减恐怖主义和极端分子滋生的土壤。

**（四）文化旅游产业发展能够带来长期综合效益**

巴基斯坦拥有丰富的文化旅游资源，但由于基础设施落后、缺少资金投入及安全等方面原因，文化旅游产业长期发展较慢，靠近中巴边境的吉尔吉特－巴尔蒂斯坦等巨大的旅游资源尚未得到有效开发。近年来，中国和巴基斯坦人文交流不断增多，合作领域不断扩大，为两国文明互鉴和民心相通起到了积极促进作用。目前，巴基斯坦正积极推动电影产业振兴，积极开发旅游业资源，并出台相关配套政策，中巴在文化旅游领域的合作空间大。中巴文化旅游产业合作将为巴基斯坦的减贫事业带来巨大的综合效益。

---

❶ 巴基斯坦总统呼吁学习中国农业技术[EB/OL].（2019-10-31）[2021-08-30].http://www.gov.cn/xinwen/2019-10/31/content_5446935.htm.

# "一带一路"背景下中巴农业合作初探

陈小萍 *

**【摘要】**"一带一路"背景下，中国与巴基斯坦农业合作意义重大，不仅有助于打造"丝绸之路经济带"先行区和示范区，满足两国农业经济发展的强劲需求，而且有助于促进中巴两国人民民心相通。近年来，中国和巴基斯坦的农业合作不断增强，合作领域逐渐拓宽，合作机制化进程加快。中巴经济走廊建设新阶段下，两国政府、企业、高校及科研机构多元力量将共同推动农业合作走深走实，中巴农业合作前景可观。

**【关键词】**"一带一路"；中国；巴基斯坦；农业；合作

中国和巴基斯坦是传统友邻和全天候战略合作伙伴。两国农业互补性强，合作基础良好，合作空间巨大。"一带一路"背景下，两国农业合作重要性凸显，不仅有助于打造"丝绸之路经济带"先行区和示范区，满足两国农业经济发展的强劲需求，而且有助于促进中巴两国人民民心相通。近年来，中巴两国高度重视中巴经济走廊框架下的农业合作，不断推进农

---

* 陈小萍：教育部人文社科重点研究基地四川大学南亚研究所副研究员。

业合作机制化建设。目前,中巴经济走廊建设进入新阶段,农业成为两国合作的新重点。

## 一、"一带一路"背景下中巴农业合作意义

"一带一路"背景下,中国与巴基斯坦开展农业合作具有积极的意义。

### (一)中巴农业合作有助于打造"丝绸之路经济带"先行区和示范区

"丝绸之路经济带"是连接亚欧、贯通东西的跨区域合作倡议,涉及众多国家、民族和农业人口,迫切需要尽快建成一些先行区和示范区,以带动各国更好融入"一带一路"建设。巴基斯坦是农业国家,也是"一带一路"沿线重要国家。中巴经济走廊是"一带一路"倡议下最有可能和最具备条件建成的先行区和示范区。亚洲基础设施投资银行和丝绸之路基金加大了对巴基斯坦国内基础设施建设的投资力度,促使巴经济持续向好发展,加快了中巴两国的互联互通,为地区一体化发展注入了强劲动力。中巴农业优势互补,可依托中巴经济走廊打造巨大农业市场,并以巴基斯坦为根基辐射南亚、中亚各国,为地区经济发展注入强劲动能。❶

### (二)中巴农业合作有助于中国农业"走出去"战略的顺利实施

随着工业化和城镇化的快速推进,我国可耕地逐渐减少,劳动力成本不断攀升,急需建立域外农业基地以确保粮食和农产品供给安全。巴基斯坦是中国的传统友邻和全天候战略合作伙伴,农业生产资源丰富,是我国建立海外农业基地的理想选择。中国企业可以将高效、精准、节水、循环农业发展模式推广到巴基斯坦,输出地膜栽培、无人机施肥等现代耕作技

---

❶ 高云,刘祖昕,矫健,等.中国与巴基斯坦农业合作探析[J].世界农业,2015(8):31.

术，从而带动我国相关农业机械、设备、化肥、种子等高技术农资出口，进一步推动我国农业"走出去"。❶

**（三）中巴农业合作有助于提高巴基斯坦农业经济效益**

"一带一路"倡议及中巴经济走廊建设是巴基斯坦农业改革与发展的重大机遇，两国在中巴经济走廊框架下的重大农业合作项目有助于提升巴基斯坦应对农业发展挑战的能力，提高巴基斯坦农业经济效益。长期以来，巴基斯坦农业基础设施落后，种植业产量较低，畜牧业产能低下，农副产品多样性和高附加值匮乏。巴基斯坦人口增长迅速，农业低效导致贫困人口增加，饥饿指数高居世界前列。中巴经济走廊建设背景下，中巴农业合作的基础条件不断得到改善，两国在农业贸易、加工、科技、投资领域合作进程不断加快。中巴农业合作可以选择在农业生产条件相对较好的旁遮普省和信德省开始，以伊斯兰堡、拉合尔、卡拉奇等地的项目规划和建设为主❷，最终实现带动落后地区俾路支省和开-普省农业增长，促进巴基斯坦地区均衡发展。

**（四）中巴农业合作有助于促进两国人民民心相通**

中国和巴基斯坦都是发展中国家，农业人口基数大。两国农业合作不仅让广大农民群众直接受益，丰富了中巴人民餐桌上的食物选择，而且以可持续的农业经济发展保护了两国生态环境，保障了人民对美好家园的追求。巴基斯坦人民珍视人与自然的和谐，认同我国新疆等西北少数民族

---

❶ 刘昌龙，田燕秋.中巴经济走廊框架下兵团农业"走出去"战略思考[J].新疆农垦经济，2017（2）：50.

❷ 陆晓玲，暴云英，许传坤.中国与巴基斯坦现代农业和旅游产业合作前景分析[J].中国经贸导刊，2020（3）：37.

聚居区的农业现代化成就。"一带一路"及中巴经济走廊建设背景下，我国西北地区政府部门与农业企业将当地绿色高产农业生产技术输送到巴基斯坦，融入巴基斯坦老百姓生产生活，促进了两地人民交流，实现了民心相通。

## 二、中巴农业合作进展

农业合作是中国与巴基斯坦经贸关系的重要组成部分，也是涉及两国社会民生的重要领域。近年来，中国和巴基斯坦的农业合作逐渐增强，合作领域不断拓宽，合作机制化步伐加快。

### （一）中巴农业合作现状及特点

中巴农产品贸易不断扩大，除了粮棉油等传统贸易产品，相互贸易的蔬菜干果品种日益丰富。2012年以来，中国由于国内农产品成本相对较高，可耕地连续减少，已经成为世界上最大的农产品进口国。巴基斯坦是向中国出口大米数量位居第二的国家，只要在质量与价格上提升竞争力，同样有机会获得中国清真食品及水果特别是芒果的市场份额。为了帮助巴基斯坦农产品进入中国清真食品市场，中国鼓励巴基斯坦参加每两年举行的宁夏回族自治区中国—阿拉伯国家博览会。❶ 中国正在努力扩大与巴基斯坦的农业贸易，已经批准巴基斯坦芒果、柑橘和金诺橘进入中国市场。中国与巴基斯坦在农业种植资源、生产管理技术、节水灌溉设备及技术方面开展了大量科技合作并取得了显著成效。两国加强小麦、水稻、油菜籽、甘蔗等新品种培育的合作研究，中国向巴基斯坦输出粮、棉、油、糖

---

❶ Pakistan Holds Opportunity to Gain Access to Halal Food Market in China, says Ministry of Agriculture official [N].Balochistan Times, 2016-06-26.

等优良品种。中巴在农作物栽培、病虫害防治、牲畜养殖管理、干旱和洪涝灾害应对方面开展技术交流,提升巴基斯坦种植业和畜牧业综合管理水平和总体产能。两国还开展农田小水利设施改造和建设、滴灌技术和设备改进的交流与合作。❶ 中巴农业科技合作不仅使中国取得了良好的经济效益,而且收获了巴基斯坦人民的信任与友谊。中巴农业研究机构和企业在白沙瓦、拉合尔等地共建杂交小麦试验基地,使巴基斯坦示范种植点的小麦产量大幅增加,缓解了巴基斯坦粮食短缺危机,提升了巴基斯坦对中国技术的认可度。为了解决瓜达尔渔民捕捞效率低下的问题,中国捐建漂浮式码头,提升了当地渔业生产效率,获得了当地居民的支持和信任。❷ 中巴两国基于民生需求的农业科技合作项目具有受众广泛、因地制宜的特点,巩固了中巴经济走廊建设的民意基础。

中资企业对投资巴基斯坦农业兴趣渐增,不仅希望投资种植与养殖业,而且希望投资高附加值农产品加工产业。2017年7月,中国商务部组织的代表团访问了伊斯兰堡商工会,准备投资巴基斯坦农业领域。代表团团长表示,第一阶段中国企业家准备寻求合适的土地建立农场,第二阶段将在巴基斯坦建立丝厂。该项目能为巴基斯坦提供3万个新的就业岗位。代表团讨论了投资当地农业部门的各种可能性,将巴基斯坦视为商业与投资的潜在目的地。伊斯兰堡商工会会长马利克表示,巴基斯坦是个农业国家,将在农作物、种子、植树、牲畜饲养、产奶及牛奶加工等农业部门提供巨大的投资机会。他强调,中资企业的投资需要引入先进的农业机械和

---

❶ 张雯丽,翟雪玲.中巴农业投资合作现状、环境与潜力[J].国际经济合作,2017(5):39-40.
❷ 邱玉娜.从中巴经济走廊实践看人类命运共同体构建中的科技创新合作[J].中国科技论坛,2020(4):8.

农业技术，从而改善巴基斯坦的农业生产力，提高单位亩产量。同时，马利克表示，通过在巴基斯坦农业领域投资，中国企业可以向中东、中亚、欧洲、阿富汗和其他地区出口农产品。❶

中巴农业合作呈现一些显著特点，农业合作机遇与挑战并存。第一，互补性强，合作价值大。巴基斯坦具有优越的农业生产条件，中国具备资金、技术、人才等优势，双方合作利用巴基斯坦自然条件，引进中国先进生产技术，可以大幅提高巴基斯坦农作物产量，提升畜牧业肉奶产量，挖掘渔业生产潜力，带动中国种子、农药、化肥、农业机械等农资产品出口，提高中国农业技术保障巴基斯坦国内粮食安全及服务全球的能力。第二，合作领域逐渐拓宽。中巴农业合作逐渐从以粮食作物种植为主，延伸到农业基础设施建设、农产品加工、农业机械、农业信息化应用等新型领域。第三，合作规划与协调有待增强。相较交通、能源、工业等领域而言，中巴农业合作项目数量少而且规模偏小，并且多集中在巴基斯坦旁遮普省特别是拉合尔地区，其他地区缺乏来自中资企业的资金、技术等支持。第四，合作方式比较单一。中巴农业合作主要以项目为载体，早期合作方式主要为政府合作项目，后来逐渐增加企业合作项目，亟须探索公私合营项目。另外，中国与巴基斯坦农业合作还容易受到某些因素制约。例如，中巴农业企业竞争力相对较弱，双方农业市场信息不够透明。巴基斯坦政局频繁动荡，政治风险较大；两国法律社会环境差异大，早期农业合作容易产生法律、习俗纠纷。❷

---

❶ Chinese Delegation Interested to Invest in Pakistan's Agriculture Sector[J].Pakistan Food Journal,2017（7/8）：7–8.

❷ 高云，刘祖昕，矫健，等.中国与巴基斯坦农业合作探析[J]世界农业，2015（8）：29–30.

## （二）中巴农业合作机制化建设

中巴经济走廊建设背景下，中巴两国政府积极推动农业合作机制化建设。《中巴经济走廊远景规划（2017—2030年）》提到，中巴两国应该充分发挥各自比较优势，加强中巴经济走廊框架下的农业基础设施建设，在农业人才训练、技术交流与合作中发挥关键作用。2018年11月，伊姆兰·汗总理访华期间，中巴两国签署了《农业合作谅解备忘录》，同意加速促进中巴农业合作。这一中巴经济走廊框架下的备忘录，旨在为巴基斯坦农业部门引入投资，提升巴基斯坦农业生产力，向中国出口剩余农产品。根据该备忘录，中国公司可以向巴基斯坦农户支付回购保证金，以便按时购买粮食和食品，避免给农户造成损失。之前，两国农业部门研讨确定备忘录框架，双方一致认为巴基斯坦农业发展潜力巨大，中巴农业合作可以实现双赢；两国不仅要关注农业合作领域，而且要关注合作层次及特殊计划的最终实施。中国准备与巴基斯坦分享农业技术及成功的农业发展模式。[1] 2020年3月，巴基斯坦总统阿里夫·阿尔维访华期间，中巴签署了《中华人民共和国农业农村部与巴基斯坦伊斯兰共和国国家粮食安全与研究部关于加强植物病虫害防治合作的谅解备忘录》。双方确定今后将在巴基斯坦共建植物病虫害可持续治理中心，重点开展监测预警、技术研发、示范推广、标准互认、人才培养和应急防控等全方位植物保护合作。

为了更好落实两国达成的农业合作共识，2018年中巴建立农业合作

---

[1] Pakistan, China May Sign a Deal for Investment in Agriculture[J].Pakistan Food Journal, 2018（9/10）.

联合工作组，2020年在中巴经济走廊联合合作委员会框架下增设农业工作组。中巴农业联合工作组是研究和制定中巴农业合作战略的重要平台，有助于两国农业合作确定重点项目，拟定切实可行的工作计划，从而推动实质性合作。2019年11月1日，中巴农业联合工作组第一次会议在伊斯兰堡举行，双方政府部门就下一步合作进行政策协调和沟通。期间，中国热带农业科学院与巴基斯坦国家农业研究委员会（NARC）、巴基斯坦农业研究中心（PARC）开展了交流互动。中巴农业联合工作组对巴基斯坦国家基因库和生物资源保护两个机构进行了重点考察调研，为两国农业科技交流与合作打下了坚实基础，有利于未来推进中巴经济走廊热带作物的对外合作。❶中巴农业联合工作组首次会议成为促进中巴农业合作的历史新起点。2020年4月24日，中华人民共和国农业农村部与巴基斯坦国家粮食安全与研究部共同召开中巴农业联合工作组第二次会议。会议以视频方式召开，双方就进一步深化中巴农业合作交换意见，确定下一步合作重点并签署会议纪要。会议充分肯定了中国对巴基斯坦开展的沙漠蝗灾紧急援助工作，就中巴植物病虫害合作机制、中巴农业合作行动计划草案进行商讨，明确在农业能力建设、科技创新、水产养殖、口蹄疫无疫区建设、投资贸易等方面加强合作，共同落实《关于加强植物病虫害防治合作的谅解备忘录》，积极推进巴基斯坦植物病虫害可持续治理中心建设。❷2020年9月，在巴基斯坦联邦政府内阁会议上，内阁成员一致赞同将农业纳入中巴经济走廊，强调与中国合作引进农业绿色革命。同时，部分巴内阁成员表

---

❶ 中国热带农业科学院代表团出席2019中巴农业合作论坛与中巴农业工作组第一次会议[J]. 世界热带农业信息，2019（11）：1–2.

❷ 中国—巴基斯坦农业联合工作组第二次会议召开[EB/OL]（2020-04-27）[2021-05-06]. http://www.gov.cn/xinwen/2020-04/27/content_5506571.htm.

示应该寻求中国企业在巴基斯坦开展规模化的联合农业种植,加强农业联合研究,为巴基斯坦培养更多优秀人才。❶巴方决定积极借鉴中方先进农业经验,引进中方优良种子资源,扩大巴基斯坦农产品对中国出口,努力提升巴基斯坦农业发展质量和农民收入水平,让中巴农业合作成果早日惠及两国人民。

中巴经济走廊建设进入充实拓展新阶段,中巴全方位合作正在向农业领域扩展。在政府部门、科研机构与媒体企业的共同努力下,两国相继召开中巴农业合作论坛,成立中巴农业合作交流中心,启动中巴农业与产业合作信息平台。2019年10月30日,中巴农业合作论坛在伊斯兰堡举办,两国政要、科研人员、农业企业家等200余人参加论坛。两国农业专家就棉花种植、水产养殖、肉产品加工等问题进行专题研讨,两国农业企业进行专场洽谈对接,现场来宾共同参观了"中巴农业成就图片展"。论坛期间,阿尔维总统、姚敬大使与11个发起单位代表共同为新成立的中巴农业合作交流中心揭牌。2021年1月26日,由中巴农业合作交流中心和中国经济网共同搭建的中巴农业与产业合作信息平台正式启动。该平台主要收集、汇总、整理和发布来自中巴双方政府部门、科研机构、行业协会和工商企业的产业合作信息,展示与农业相关的科技产品、农机具、农产品及农业合作成果等,同时组织开展商业论坛、研讨会和项目对接会等活动,积极促进中巴农业与产业领域的交流合作。中巴农业与产业合作信息平台的启动,标志着两国农业合作交流进入快车道。❷

---

❶ 巴基斯坦拟寻求中国支持发展规模化农业 [EB/OL]（2020-09-10）[2021-05-06]. http://finance.sina.com.cn/roll/2020-09-10/doc-iivhvpwy5940920.shtml.

❷ 中巴两国农业与产业合作信息平台正式启动 [EB/OL]（2021-01-29）[2021-05-06]. https://www.cfsn.cn/front/web/site.newshow?newsid=47150.

## 三、中巴农业合作未来方向

在"一带一路"及中巴经济走廊建设背景下,巴基斯坦逐渐完善了交通和能源基础设施,为中巴现代农业合作奠定了坚实基础。农业合作成为中巴经济走廊建设第二阶段的重点方向,两国可以在农业种业、贸易、救灾、科技、投资、人才培养等方面开展更多切实可行的合作。

### (一)加强种子产业合作

巴基斯坦一直重视种子产业的发展,并形成了包括公益研究机构、政府种子公司、联邦种子认证登记局、私营及外资种子企业的完整种子产业结构。为了满足不断增长的粮食需求和出口效益,巴基斯坦政府制定了多项与种子产业相关的措施,如促进农作物多样化、加快新品种扩散、增加政府补贴等。然而,巴基斯坦种子业对农业增产的贡献率仅为25%,远低于中国和发达国家的水平。21世纪以来,中国种业主要利用杂交水稻作物优势打开了巴基斯坦种子市场,不断在巴基斯坦市场建立影响力。然而,中巴种业合作主要停留在种子贸易的初级形式,且仅涉及少数作物种子,如水稻、玉米、棉花等,育种合作及种业投资等深层次合作还处于起步阶段。中巴经济走廊建设背景下,中巴农业种子合作重要性和必要性不言而喻。中巴可以在市场、资源、生产、育种等方面继续探索多样化、深层次的种业合作,力争把巴基斯坦打造为中国种子产业"走出去"的样板和基地。[1]

---

[1] 邓岩,陈燕娟. 巴基斯坦种业发展历史、现状及中巴合作[J]. 种子,2020,(1):62–63.

## （二）扩大农产品和农资贸易

中巴经济走廊沿线农业生产条件多样，适合种植多种农产品。为了提升双边农产品贸易种类及规模，中巴经济走廊沿线可设立中巴农业合作园区。例如，在旁遮普省拉合尔周边区域建设小麦园区，在苏库尔至木尔坦建立水稻园区，在开-普省成立现代牛羊家禽养殖基地，在信德省和俾路支省共建渔业水产加工示范带。据估计，如果巴基斯坦各省份成立农业经济园区，每年能为巴基斯坦带来120亿美元的对中国农产品出口收益。❶为了促进巴基斯坦农业与食品价值链的重构与升级，可将中巴经济走廊框架下的某个经济特区指定为食品经济区或农业区，从而大大提升巴基斯坦农产品加工与出口创汇能力。❷依托中巴经济走廊带来的发展机遇，巴基斯坦有望提升对中国农产品的出口能力，缓解对中国的贸易逆差。

由于巴基斯坦国内化肥、拖拉机和收割机等农业生产资料利用率低，中国可以在巴基斯坦开展农资贸易。中国尤其是享有区位优势的新疆可以开发巴基斯坦农业机械市场，给予资金不足或规模较小的农场优惠政策，鼓励联合购买大型农业机械，提高巴基斯坦农业机械化水平。❸此外，中国企业可以向巴基斯坦推广有机肥、绿肥、土壤改良剂及生物防治技术等，丰富巴基斯坦农业市场上生产资料的供给，增强巴基斯坦农业生产能力。

---

❶ 巴基斯坦业界呼吁沿中巴经济走廊设立农业园区[J].世界热带农业信息，2017（Z2）：4.

❷ 中国—巴基斯坦农业合作网络研讨会：双边农业合作潜力巨大 商机多多[EB/OL].（2020-07-13）[2021-05-06].http://cen.ce.cn/more/202007/13/t20200713_35307516.shtml.

❸ 程云洁，武杰.中国新疆与巴基斯坦农业合作潜力——基于"中巴经济走廊"背景[J].农业展望，2017（11）：69，71.

## （三）提供农业灾害救助

2020年年初，巴基斯坦遭遇了严重的蝗虫灾害，中国迅速支援巴基斯坦抗击蝗灾。中国政府派出一支顶级专家组成的工作组奔赴巴基斯坦，评估蝗灾形势并研讨控制举措，展开抗击蝗灾工作。中国设立帮助巴基斯坦抗击蝗灾的应急项目，准备杀虫剂及喷洒设备，甚至让无人机投入信德省和俾路支省抗击蝗灾的战斗。在面临新型冠状病毒肺炎疫情严峻挑战时，中国政府和人民仍然心系巴基斯坦的蝗灾，中国展开的紧急救灾行动赢得了巴基斯坦官方与民间的高度赞赏。❶ 多年来，中国在农业病虫害防治方面取得诸多进步，并探索出抗击蝗灾的四种路径：其一，生物控制是最快的方法，即利用微生物杀死蝗虫，同时，鸡鸭鹅也是蝗虫的天敌；其二，杀虫剂是控制蝗灾必不可少的；其三，生态保护是控制蝗灾的基本措施，如改善土地种植技术、实施农作物覆盖等；其四，利用现代技术如GPS和飞机，有效改进农药喷洒效果。另外，中国农业大学还开发了一套预防和控制蝗灾的智能系统，通过历史数据和现实蝗灾数据分析，建立一套行之有效的蝗灾早期预警机制。❷ 在中巴农业合作框架下，巴基斯坦可以充分利用中国的农业病虫害防治经验，保障粮食收成，提高农业生产效率。

## （四）促进农业科技合作

改革开放以来，中国进行了卓有成效的农业科技创新，积累了丰富的

---

❶ China Provides Support for Combating Locust Emergency in Pakistan[N].Technology Times，2020-02-20.

❷ China to Send Leading Experts to Help Pakistan Develop Targeted Program to Combat Locust[N].Balochistan Times，2020-02-26.

农业生产经验，有助于巴基斯坦农业技术更新，提升巴基斯坦人民生活水平。巴基斯坦地理位置优越，农产品出口市场潜力巨大。为了繁荣农业市场经济，巴基斯坦必须发展符合国际标准的价值链和市场营销系统，打造以信息科技支撑的智慧农业系统。长远来看，中巴需要携手制定基于农业科研的可行性倡议，从而为进入现代农业市场打下基础。❶

中巴经济走廊建设进入新阶段后，两国政府部门及科研机构加快推动农业科技合作进程。中国热带农业科学院与巴基斯坦信德省农业大学签署热带农业科技合作的谅解备忘录，建立中国热带农业科学院—信德省农业大学热带农业科技合作示范基地，决定在热带作物研发、信息共享、技术转移、人才培养等方面建立合作框架，定期就共同关心的议题进行沟通，从而为中巴农业合作注入新活力。❷ 中国热带农业科学院还与巴基斯坦费萨拉巴德农业大学签署关于热带作物科技合作的谅解备忘录，成立中国热带农业科学院—巴基斯坦热带经济棕榈示范基地，并决定将其打造为我国热带农业对外合作的典范。❸ 此外，两国地方科研机构及人员踊跃投入两国农业科技合作，为两国农业增产创收作出了重要贡献。湖北省农业科学院与巴基斯坦农业研究委员会签署战略合作备忘录，将共同开展中巴杂交水稻优质高产施肥技术研究与示范。❹ 由于红莲型杂交水稻在巴基斯坦长势良好，武汉大学与旁遮普大学建立红莲型杂交水稻联合研究中心。四川

---

❶ China May Assist Pakistan Agriculture on Climate Change Affects under CPEC: FPCCI[N]. Balochistan Times，2017-03-12.

❷ 中国热带农业科学院与巴基斯坦信德省农业大学共建热带农业科技合作示范基地[J]. 世界热带农业信息，2018（7）：61.

❸ 中巴共建热带经济棕榈生产技术集成与示范基地[J]. 世界热带农业信息，2019（9）：20.

❹ 湖北省农科院与巴基斯坦农业研究委员会签署合作备忘录[J]. 湖北农业科学，2019（13）：96.

农业大学杨文钰教授指导博士后穆罕默德·阿里·拉扎向巴基斯坦推广玉米、大豆带状复合种植技术,大幅提高了当地生产水平。❶

## (五)鼓励农业投资与农业人才培养

中巴经济走廊建设新阶段,两国政府需要积极鼓励农业投资,特别需要创设对巴基斯坦农业投资的信息服务平台。农业是涉及国计民生的重要支柱产业,需要两国政府制定合理、长远、可持续的投资计划,并提供财税、保险、金融等配套政策。随着中巴农业合作进一步深入,未来中国企业对巴基斯坦农业投资潜力领域将集中于基础设施建设、农作物种植和畜牧养殖、农产品加工、渔业捕捞与养殖领域。❷多年来,《经济日报》及中国经济网对巴基斯坦经济及中巴经济走廊建设给予了高度关注,为两国企业相互投资架设了重要桥梁。为了进一步促进两国农业合作,中巴政界与媒体可以联合打造专业的农业投资网站或者微信公众号,以满足两国不断增长的农业市场的巨大需求。当然,中巴相互进行农业投资应该尊重当地法律和风俗习惯,致力于保护良好的生态环境。尤为重要的是,中国对巴基斯坦农业投资要充分发挥其促进巴基斯坦经济发展和改善当地民生的积极作用。❸

无疑,中巴农业合作将为巴基斯坦提供更多创新性就业岗位,两国需要扩大农业人才培养规模,满足农业市场人才需求。鉴于此,新疆农

---

❶ 中巴农业互补互利 合作发展前景广阔[EB/OL].(2020-08-30)[2021-05-06].https://dy.163.com/article/FLA0G9LC0514CQIE.html.

❷ 中企投资巴基斯坦农业领域迎来新机会[N].中国贸易报,2018-12-30.

❸ 盛彩娇,郭静利.基于中国农业投资视角的巴基斯坦土地制度问题及启示[J].安徽农业科学,2018(13):225.

业大学与费萨拉巴德农业大学共建孔子学院，不仅有助于汉语教学与文化推广，而且对双边的农业教学、科研、留学生互访也将发挥积极的作用，成为两国农业人才交流与培养的重要平台。随着中巴经济走廊沿线农业产业园区建设的推进，中巴农业院校需要加大国际农业合作学历教育，培养一批语言互通、专业过硬的农业人才。与此同时，中巴农业企业需要积极探索与高校联合培养复合型国际化人才，为学生提供实践就业机会。

## 四、结语

作为传统友邻和全天候战略合作伙伴，中国和巴基斯坦非常重视农业领域的合作。70年来中巴农业经济取得了长足进展，尤其是"一带一路"倡议的提出为两国农业合作提供了强大动力与机遇。中巴经济走廊建设框架下，中巴农业合作有助于打造"丝绸之路经济带"先行区和示范区，顺利推动中国农业"走出去"，提升巴基斯坦农业经济效益，促进中巴人民民心相通。中巴农业资源优势互补，合作基础良好，合作潜力巨大。近年来，中巴农产品贸易规模不断扩大，在粮、棉、油等传统贸易产品基础上，增加了丰富多样的蔬菜水果品种。中巴两国在农业种质资源、生产技术及农机设备开发方面探索农业科技合作，成效显著。中资企业对巴基斯坦农业部门关注度上升，不仅希望投资种植与养殖业，而且希望投资高附加值农产品加工产业。当然，中巴两国合作中的诸多特点表明，两国农业合作机遇与挑战并存。为了加速推进两国农业合作，中巴政府积极推动农业合作机制化建设，为中巴农业合作走深走实打下坚实基础。当前，中巴经济走廊进入充实、高质量发展的新阶段，农业跃升为合作新重点。未来，中巴农业合作应聚焦如下领域：加强种子产业合作，扩大农产品与农资贸易，提供农业灾害救助，促进农业科技合作，鼓励农业投资与培养农业人才。总之，在两国政府、企业、高校及科研机构等多元力量努力下，中巴农业合作未来可期。

# 巴基斯坦海洋政策新变化及其对中巴海洋合作的启示

刘思伟　吴小玲*

**【摘要】** 21世纪以来，巴基斯坦开始重新认识海洋的重要性，并出台了一系列新的海洋政策，关涉海洋安全、海洋经济、海洋治理等多个领域。本文探析了巴基斯坦调整海洋政策背后的动因，并在此基础上探讨该政策对于中巴海洋合作的启示意义。本文认为，在中巴经济走廊建设的牵引下，中巴两国海洋合作正在向前推进，但中巴两国在相关领域的合作潜力还有待挖掘。未来，两国应继续加大在港口建设、海事安全、海洋渔业、海洋能源开发利用等方面的合作。中巴蓝色伙伴关系和中巴海洋命运共同体的构建任重而道远，但其努力必将提升两国整体双边关系，海洋合作可以成为未来中巴合作新的增长点。

**【关键词】** 巴基斯坦；海洋政策；中巴关系；海洋合作

---

\* 刘思伟：四川大学南亚研究所副研究员；吴小玲：四川大学南亚研究所硕士研究生。

巴基斯坦是印度洋地区的重要沿海国家，拥有一条长近1000千米的海岸线，位于阿拉伯海的中心地带，其专属经济区（Exclusive Economic Zone，EEZ）拥有大量海洋经济资源。它的西海岸与海湾地区相邻，通过提供到中亚、阿富汗和中国西部省份的最短海路，使其具有战略意义。❶长期以来，巴基斯坦对海洋关注不够，甚至本国有学者称巴基斯坦具有"海盲症"。21世纪以来，这种局面有所改变，巴基斯坦开始重新认识海洋的重要性，并出台了一系列新的海洋政策，关涉海洋安全、海洋经济、海洋治理等多个领域。2018年12月，巴基斯坦发布了自己的海洋学说。本文探析了21世纪以来巴基斯坦海洋政策的新变化，并在此基础上探讨其对于中巴海洋合作的启示意义。本文认为，中巴两国海洋合作正在向前推进，但在相关领域的合作潜力还有待挖掘，也应未雨绸缪应对合作进程中可能面临的诸多挑战。

## 一、21世纪以来巴基斯坦海洋政策的新变化

长期以来，巴基斯坦对海洋关注不够，也未重视自身海洋国家的身份，正如巴基斯坦问题研究专家穆德·优素福评论道："不仅决策者忽视了海上问题，甚至研究巴基斯坦安全事务的政策分析师也表现出对这一领域缺乏了解。"❷21世纪以来，巴基斯坦对海洋重视度明显提升，也调整了

---

❶ QURA TUL AIN HAFEEZ . Maritime Security in Indian Ocean and Options for Pakistan [EB/OL].（2017-12-26）[2021-06-01].https://foreignpolicynews.org/2017/12/26/maritime-security-indian-ocean-options-pakistan/.

❷ YUSUF MOEED. Pakistan's View of Security in the Indian Ocean[M]// JOHN GAROFANO , ANDREA J DEW.Deep Currents and Rising Tides：The Indian Ocean and International Security. Washington, D.C.: Georgetown University Press, 2013:137.

相关的海洋政策。巴基斯坦联邦海事部长阿里·海德尔·扎伊迪表示,他将努力让巴基斯坦转变为一个海洋国家。❶

## (一)发布《巴基斯坦海洋学说》

《巴基斯坦海洋学说》于2018年12月在卡拉奇举行的海事安全研讨会期间发布。这一学说是巴基斯坦海军战争学院(PNWC)专家经过七年研究后发表的,题为"保护海洋自由"。❷ 这是巴基斯坦发布的第一份正式的海洋学说,是一份综合性文件,内容涉及与海事有关的诸多问题,包括安全、经济等各个领域。该学说分为十个章节,其目的是协调和振兴巴基斯坦的海事部门,在国内广泛传播有关国家海事部门和海洋经济的知识。❸ 它强调了巴基斯坦海军在"9·11"后通过合作和独立行动在"维护海洋自由"方面发挥的重要作用,概述了海上力量的各种军事工具,并将其置于总体国家安全框架中。它也从巴基斯坦的角度阐述了印度洋地区的历史背景及发展动态。❹

## (二)确定维护海洋安全是本国海洋政策的重点

21世纪以来,巴基斯坦海洋政策的重点无疑是安全议题。例如,在发布的新的海洋学说中就指出当前海上安全问题的复杂性,并列出了巴基

---

❶ Ministry of Maritime Affairs Transforming Pakistan into a Maritime Nation: Ali Zaidi[EB/OL].(2020-07-26)[2021-06-12].https://www.brecorder.com/news/40007887.

❷ AZAM KHAN.Pakistan Launches First Formal Maritime Doctrine[EB/OL].(2019-02-12)[2021-06-12].https://defence.pk/pdf/threads/pakistan-launches-first-formal-maritime-doctrine.608697/.

❸ 同❷.

❹ 同❷.

斯坦所关注的各类地区威胁范围和强度。除了传统安全问题，巴基斯坦海事政策也开始强调对诸多海上非传统问题的应对，包括海盗、海上恐怖主义、非法捕捞等。值得一提的是，2017 年，巴基斯坦意识到海事的重要性及其对国家安全的重要性，将港口和航运部的名称改为海事部。❶ 不仅如此，巴基斯坦也开始强调海军的多重角色。除了强调海军作为军事力量外，海军也被视为巴基斯坦外交政策的重要组成部分，可确保实现诸如航行自由、通过友好港口访问扩大联盟、协助人道主义和救灾行动等目标。在此背景下，巴基斯坦重视海军的能力建设，并将信仰、品格、勇气和承诺视作指导巴基斯坦海军行动的"核心价值观"。❷21 世纪以来，巴基斯坦海军也在逐步进行结构性重组，并通过引进国外先进装备和国内自身的研发投入，以增强其威慑力。2013 年，巴基斯坦海军成立了联合海事信息协调中心（JMICC），以促进涉及两个或多个机构事务的跨部门协调和联合决策。❸ 不仅如此，JMICC 通过与其他信息共享门户（如新加坡海军的信息融合中心和意大利虚拟区域海上交通中心）建立战略联系，增强其覆盖范围。❹

---

❶ Govt to Rename Ministry of Port and Shipping as Maritime Affairs[EB/OL].（2017-10-10）[2021-06-18]. https://www.thenews.com.pk/latest/235909-Govt-to-rename-Ministry-of-Port-and-Shipping-as-Maritime-Affairs.

❷ AZAM KHAN.Pakistan Launches First Formal Maritime Doctrine [EB/OL].（2019-02-12）[2021-06-12].https://defence.pk/pdf/threads/pakistan-launches-first-formal-maritime-doctrine.608697/.

❸ PERVAIZ ASGHAR. Pakistan Navy's JMICC Delivering Effectively[EB/OL].（2016-11-22）[2021-07-02]. https://www.thenews.com.pk/print/166792-Pakistan-Navys-JMICC-delivering-effectively.

❹ 同❸.

### （三）强调海洋政策为本国的贸易和经济服务，鼓励发展蓝色经济❶

长期以来，巴基斯坦没有给予本国海洋经济（蓝色经济）发展足够的重视。近年来，巴基斯坦政策制定者越来越强调巴基斯坦海域迄今尚未开发的巨大海洋潜力，并认为这种潜力可以为国民经济带来可观的经济红利。2020年8月，巴基斯坦总理伊姆兰·汗亲自发推特（Twitter），祝贺联邦海事部敲定了一项旨在振兴巴基斯坦海洋经济的充满活力的"蓝色经济政策"（Blue Economy Policy）。他表示，该政策"将充分发挥巴基斯坦巨大的海洋潜力，创造更多的就业机会，并有助于为巴基斯坦节约宝贵的外汇储备"❷。巴基斯坦还将2020年确定为"蓝色经济年"。联邦海事部长阿里·海德尔·扎伊迪表示，政府将挖掘巴基斯坦蓝色经济的潜力，将公布新的航运和深海捕捞的相关政策。据悉，巴基斯坦深海捕捞政策已经敲定，这项政策将有利于投资商和政府，也提高了政策的透明度，并为渔民社区提供支持。❸扎伊迪表示，"目前，巴基斯坦的鱼类和海产品出口总额仅为4.5亿美元，如果能够采取适当的深海捕捞政策，出口额可提高到20亿～25亿美元"❹。据巴基斯坦当地媒体报道，2021年9月7日巴基斯坦联邦信息部长乔杜里·法瓦德·侯赛因宣布将该国港口费用降低50%，

---

❶ 巴基斯坦对"蓝色经济"的定义是可持续的商业增长，利用海洋资源改善民生和创造就业机会，同时维护和保护海洋生态系统的健康。"蓝色经济"概念涵盖了许多方面，包括港口、航运公司、能源/可再生能源、渔业、海上运输、旅游、气候变化、废物管理等。参见 Ministry of Maritime Affairs, Government of Pakistan.Blue Economy Concepts[EB/OL].[2021-07-05]. https://www.moma.gov.pk/Detail/MjZlYTQ5MzAtNWRmYy00YjkzLThjZmMtMTJiOTJjOTY1Mjk1.

❷ The Dawn's Staff Reporter. New "Blue Economy Policy" to Help Save Foreign Exchange, Hopes PM[N].The Dawn, 2020-08-16.

❸ 同❷.

❹ 同❷.

以在全球商船和集装箱紧缺的情况下,促进出口商货物出口。❶侯赛因表示:"巴基斯坦需要新的战略来合理化和指导港口收费。"据悉,巴基斯坦此次决定降低港口服务费,意在更多吸引船舶挂靠,促进该国进出口贸易。

### (四)日益重视国际海事合作,积极参与海洋治理事务

21世纪以来,巴基斯坦海洋政策突出了国际合作板块,开始强调积极参与地区或全球海洋治理事务。巴基斯坦参与了多个多边合作平台,如索马里海盗问题联络小组(CGPCS)。该小组成立于2009年1月,根据联合国安理会第1851(2008)号决议设立,是各成员国和国际地区组织就打击索马里海盗加强协调和合作的重要机制与平台。巴基斯坦也参与了联合特遣部队(CTF)150和151在亚丁湾、阿曼湾、阿拉伯海和红海的海上安全行动,以及其他区域倡议与国际合作。❷巴基斯坦海军参加的国际论坛还包括印度洋海军论坛、西太平洋海军论坛等。巴基斯坦海军的联合海事信息协调中心迄今已与48个国家和6个国际组织建立联系,分享与海事安全有关的信息。❸巴基斯坦还加入了全球海域感知(MDA)网络。

此外,巴基斯坦建立了区域海上安全巡逻队。自2007年起,巴基斯

---

❶ Pakistan Cuts Port Charges by 50% to Facilitate Trade[EB/OL]. (2021-09-07)[2021-09-12]. https://pakobserver.net/pakistan-cuts-port-charges-by-50-to-facilitate-trade/.

❷ SOHAIL AMIN, KHALID CHANDIO, KHURRAM ABBAS.Major Powers'Interests in Indian Ocean: Challenges and Options for Pakistan[R].IPRI, 2015:4.

❸ USMAN ANSARI. Pakistan's Naval Chief Talks Regional Security and Tech Wish list[N]. Defence News, 2020-07-11.

坦海军每两年组织一次"和平"（AMAN）系列多国海上演习。[1]第六次演习于2019年2月举行，46个国家和115名观察员参加了AMAN-19，包括俄罗斯、中国、美国、英国、澳大利亚、土耳其、意大利和马来西亚在内的国家的军舰参加了演习。2021年2月，第7次演习，即AMAN-21在巴基斯坦卡拉奇举行。值得一提的是，巴基斯坦对于与中国的合作尤其看重，包括中巴经济走廊的港口项目及与中国的在海上非传统安全领域的合作等。

## 二、巴基斯坦调整海洋政策的动因

巴基斯坦海洋政策出现新的变化，背后无疑受到多重因素驱动。总体来看，包括以下几个方面。

### （一）海洋意识的提升及对海洋重要性的再认知

21世纪是"海洋的世纪"，海洋由于其自身的军事安全价值、经济价值和生态价值越来越受到重视，发展海洋事业已成为全世界，尤其是海洋国家的一种广泛共识。随着印度洋地区重要性的提升，印度洋沿岸国家对于海洋的重视程度也明显提升。

对巴基斯坦来说，其对海洋的重要性有新的认知，不仅关注海洋对于国家安全的重要性，也开始关注它对于国家经济发展、环境安全等方面的重要意义。据估计，世界蓝色（海洋）经济的总价值为24万亿美元，而

---

[1] USMAN ANSARI. Pakistan's Naval Chief Talks Regional Security and Tech Wish list[N]. Defence News, 2020-07-11.

人类仅从中受益 50 亿～6000 亿美元。[1]虽然印度洋地区是世界经济较不发达地区之一,但经济潜力可观,地区经济活力正日益提升。值得一提的是,诸多印度洋沿岸国家开始重视蓝色经济,纷纷出台振兴蓝色经济的政策。巴基斯坦对蓝色经济寄予厚望,这也是其出台新的政策促进蓝色经济发展的重要原因。

此外,巴基斯坦政策界和学术界在提升国家海洋意识方面发挥了积极助推作用。近年来,巴基斯坦政策界和学术界举办的海洋研讨会日益增多。例如,在巴基斯坦海军的赞助下,海洋安全研讨会每年在巴基斯坦海军战争学院进行,将来自公共部门、私营部门、立法机构和媒体的参与者聚集在一起,讨论海洋经济和海上安全问题。越来越多的巴基斯坦专家呼吁巴基斯坦应重视海洋。例如,有巴基斯坦专家认为,地缘战略位置使巴基斯坦在印度洋处于举足轻重的地位,如果最大限度地利用潜力,巴基斯坦可以将其广阔的海域变成一个区域蓝色经济中心。[2]

## (二)对来自海上安全威胁的感知增强

海上安全对巴基斯坦很重要,巴基斯坦超过 95% 的贸易量通过海路运输。[3]三条海上通信线路支持巴基斯坦的海上贸易,即来自亚洲、红海

---

[1] MUHAMMAD USMAN ASKARI, MUHAMMAD TAHIR, NAFISA SHAHE.Blue Economy of Pakistan: Challenges and Prospects[J]. Journal of the Punjab University Historical Society,2020,33(2):5.

[2] 同[1].

[3] MUHAMMAD AZAM KHAN.S-2: Options for the Pakistan Navy[J]. Naval War College Review,2010,63(3):91.

和波斯湾的海上贸易。❶ 卡拉奇港、加瓦达尔、帕斯尼、基瓦尼、加达尼和奥马拉都是重要贸易港口。❷ 在巴基斯坦看来，巴基斯坦面临的海洋安全环境日趋复杂。近年来，巴基斯坦尤其关注印度海军的现代化及在阿拉伯海域的活动。的确，巴基斯坦对海上进口整体依赖程度远高于印度，印度对巴基斯坦的优势在海上领域明显，对卡拉奇的封锁可能严重危及巴基斯坦的经济。❸ 巴基斯坦认为，印度现已加入了其他5个拥有核潜艇的国家的专属俱乐部，这对巴基斯坦构成了安全威胁。另外，近年来印度与美、日、澳等国家防务合作，包括在印度洋上的联合军演增多也让巴基斯坦安全威胁感知增强。巴基斯坦专家指出，印度与美国签署的《后勤交换协议备忘录》（LEMOA）、《地理空间合作基本交流与合作协议》（BECA）和美日澳印"四边安全对话"将增强印度海军的能力❹，并指出《通信兼容性和安全协议》（COMCASA）将使印度不仅能够使用美国和北约的海域感知资产，而且能够在印度洋地区和南海地区使用实时和独家情报。❺ 因此，该地区尤其是海洋领域的变化和出现的新战略图景，将对巴基斯坦在其感兴趣的地区维持海洋控制权的可行性构成相

---

❶ MUHAMMAD AZAM KHAN.S-2: Options for the Pakistan Navy[J]. Naval War College Review, 2010, 63（3）: 91.

❷ QURA TUL AIN HAFEEZ. Maritime Security in Indian Ocean and Options for Pakistan [EB/OL].（2017-12-26）[2021-06-01].https://foreignpolicynews.org/2017/12/26/maritime-security-indian-ocean-options-pakistan/.

❸ VERGHESE KOITHARA.Coercion and Risk-Taking in Nuclear South Asia[EB/OL].（2003-03-01）[2021-06-01].https://fsi-live.s3.us-west-1.amazonaws.com/s3fs-public/Koithara.pdf.

❹ HAMZAH TAOQEER.Maintaining Command of the Sea: Maritime Doctrines of Pakistan and India [EB/OL].（2020-08-08）[2021-06-03].https://defence.pk/pdf/threads/maintaining-command-of-the-sea-maritime-doctrines-of-pakistan-and-india.679808/.

❺ 同❹.

当大的威胁。为此，巴基斯坦应发展和加强可观的力量结构，以增强其海军能力，根据其国家利益保持对海洋的控制，并应对印度海军带来的威胁。❶

不仅如此，巴基斯坦也开始关注各类海上非传统安全问题，如巴基斯坦担心激进的武装派别可能在海港和海岸线上进一步武器化，而毒品走私和人口贩运可能会妨碍巴基斯坦沿海地区的跨国贸易活动。海上非法捕鱼和沿海地带贫困渔民生活破败等问题如果得不到解决，也将成为巴基斯坦实现蓝色经济预期成果的瓶颈。❷另外，海洋环境安全与海洋健康也引起巴基斯坦的关注。例如，气候变化就是一个较大的威胁，它正在极大地影响沿海地区，使海平面上升，改变波浪模式，引发土壤沉积和不可预测的风暴事件。这些变化进一步影响海洋生态系统的生物多样性，也威胁到沿海地区。值得一提的是，目前大多数印度洋沿岸国家的海洋健康指数排名靠后，巴基斯坦也不例外。总体来看，由于诸多非传统问题具有跨地域性，巴基斯坦与其他利益攸关者也意识到了国际或地区合作以应对非传统安全问题的重要性。可见，对来自海上安全威胁感知的增强是巴基斯坦出台新的海洋政策的重要动因之一。

### （三）地区互联互通项目的助推作用

印度洋沿岸国家的人口占世界人口的35%以上，但地区生产总值仅占

---

❶ HAMZAH TAOQEER.Maintaining Command of the Sea: Maritime Doctrines of Pakistan and India [EB/OL].（2020-08-08）[2021-06-03].https://defence.pk/pdf/threads/maintaining-command-of-the-sea-maritime-doctrines-of-pakistan-and-india.679808/.

❷ Blue Economy: A Shining Economic Future for Pakistan[EB/OL].（2021-04-06）[2021-06-08]. https://www.ips.org.pk/blue-economy-a-shining-economic-future-for-pakistan/.

世界地区生产总值的10%以上。❶21世纪以来，该地区一些国家经济高速发展，使该地区的经济散发活力。而且值得关注的是，各类海上互联互通项目正引领印度洋地区发展。这些互联互通项目既有强调地区内部的联通项目，也有强调更大范围的联通项目，如日本与印度两国倡议的"亚非增长走廊"(Asia Africa Growth Corridor，AAGC)，中国倡议的"21世纪海上丝绸之路""中巴经济走廊""孟中印缅经济走廊"等。有专家评论，贸易、投资、人员和思想的不断涌现，使印度洋国家彼此之间及世界其他国家之间的联系日益密切。❷具体就巴基斯坦来说，中巴经济走廊无疑是对其影响最为深远的，也在某程度上助推了巴基斯坦关注海上安全及海洋经济，并使其调整海洋政策以确保相关项目的顺利推进。事实证明，近年来，正是在中巴经济走廊建设牵引下，巴基斯坦开始积极强调海洋的重要性，尤其强调探索巴基斯坦蓝色经济的潜力。巴基斯坦海洋事务部长阿里·海德尔·扎伊迪认为，在中巴经济走廊项目下的瓜达尔港正在为巴基斯坦创造大量发展机会，将把巴基斯坦变成地区繁忙的商业中心。❸不少巴基斯坦海事专家也敦促政府注重发挥中巴经济走廊优势，制定蓝色经济战略规划。专家还提到，由于瓜达尔港的海上交通量最终会成倍增加，因此中巴经济走廊的完成取决于海上安全。有专家认为，巴基斯坦需要采取多方面的措施来应对所有安全挑战，如通过加强瓜达尔港的安全，指导保安人

---

❶ SHIVSHANKAR MENON.Security in the Indian Ocean[EB/OL].（2017-04-11）[2021-07-01]. https://www.isas.nus.edu.sg/wp-content/uploads/media/isas_papers/ISAS%20Insights%20No.%20399%20-%20Security%20in%20the%20Indian%20Ocean.pdf.

❷ DAVID MICHEL, RUSSELL STICKLOR.Indian Ocean Rising:Maritime and Security Policy Challenges[R]. Stimson Center, 2012：11.

❸ 巴基斯坦瓜达尔港举办国际商品展销会[EB/OL].（2019-03-29）[2021-08-01].https://baijiahao.baidu.com/s?id=1629319836229327936&wfr=spider&for=pc.

员、沿海演习及通过与执法机构的接触提高海洋领域感知。❶ 巴基斯坦海军司令扎法尔·马哈茂德·阿巴斯上将强调，由于巴基斯坦的地缘战略位置，其90%以上的海上贸易来自阿拉伯海毗邻波斯湾的海上通道，再加上巴基斯坦希望通过中巴经济走廊成为连接中国和中亚的贸易枢纽，这就要求巴基斯坦在确保区域海洋安全方面发挥越来越重要的作用。❷

## 三、巴基斯坦海洋政策新变化对中巴海洋合作的启示

21世纪是海洋的世纪，海洋国家对海洋重要性都有新认知。党的十九大提出了"坚持陆海统筹，加快建设海洋强国"的目标。不仅如此，中国作为一个负责任、有担当的大国，也在不断探索参与全球海洋治理事务，为其提供行之有效的"中国方法"。2019年4月23日，习近平主席在集体会见出席中国人民解放军海军成立70周年多国海军活动的外方代表团团长时，提出构建"海洋命运共同体"的理念。习近平指出："我们人类居住的这个蓝色星球，不是被海洋分割成了各个孤岛，而是被海洋连结成了命运共同体，各国人民安危与共。海洋的和平安宁关乎世界各国安危和利益，需要共同维护，倍加珍惜。"❸ 习近平指出，当前，以海洋为载体和纽带的市场、技术、信息、文化等合作日益紧密，中国提出共建21世纪海上丝绸之路倡议，就是希望促进海上互联互通和各领域务实合作，推动蓝

---

❶ ASIA MAQSOOD .CPEC and Maritime Security of Pakistan[EB/OL].（2017-11-01）[2021-07-02].https://foreignpolicynews.org/2017/11/01/cpec-maritime-security-pakistan/.

❷ 巴海军司令：巴基斯坦非常依赖中国，也越来越依赖土耳其援助[N].环球时报，2020-06-06.

❸ 习近平集体会见出席海军成立70周年多国海军活动外方代表团团长[EB/OL].（2019-04-23）[2021-08-05].http://www.gov.cn/xinwen/2019-04/23/content_5385354.htm.

色经济发展，推动海洋文化交融，共同增进海洋福祉。❶ 具体来看，巴基斯坦是中国推行"一带一路"倡议的重要国家之一，也是中国构建海洋命运共同体的重要合作伙伴。正是在中巴两国都开始重视海洋的背景下，两国海洋合作迎来了新的机遇。在中巴经济走廊建设的牵引下，中巴两国海洋合作正在向前推进。诚然，中巴两国海洋合作也面临一些挑战，合作有待深化与拓展。

### （一）中巴海洋合作现状

一是中巴双方都强调海洋合作的重要性。2013年5月，李克强总理访问巴基斯坦期间，双方签署了《中华人民共和国政府和巴基斯坦伊斯兰共和国政府海洋合作谅解备忘录》。2013年7月，中巴双方发布《关于新时期深化中巴战略合作伙伴关系的共同展望》，双方强调扩大和深化两国海上合作意义重大。双方同意加强海上安全、海上搜救和救灾、打击海盗、海洋科研、环境保护及蓝色经济等领域的双边合作。❷ 2014年2月，巴基斯坦总统马姆努恩·侯赛因访华，对习近平主席提出的打造"中巴命运共同体"倡议做出积极回应。双方一致决定将致力于打造政治关系更加牢固、经济纽带更加紧密、安全合作更加深化、人文联系更加通畅的"中巴命运共同体"。❸2018年，中巴双方发表了《中华人民共和国和巴基斯坦伊

---

❶ 习近平集体会见出席海军成立70周年多国海军活动外方代表团团长[EB/OL].（2019-04-23）[2021-08-05].http://www.gov.cn/xinwen/2019-04/23/content_5385354.htm.

❷ 关于新时期深化中巴战略合作伙伴关系的共同展望[EB/OL].（2013-07-06）[2021-08-06]. http://cpc.people.com.cn/GB/http:/cpc.people.com.cn/n/2013/0706/c64094-22100920.html.

❸ 中巴兄弟再携手 打造命运共同体[EB/OL].（2015-04-18）[2021-08-05].http://world. people.com.cn/n/2015/0418/c157278-26865939.html.

斯兰共和国关于加强中巴全天候战略合作伙伴关系、打造新时代更紧密中巴命运共同体的联合声明》，声明中提到双方同意加强在海洋事务上的政策对话和战略沟通，对中巴海上合作对话取得的进展表示满意。双方同意继续在航行安全、海洋经济、海洋资源开发利用、海洋科研和海洋环境保护方面保持紧密合作。

二是中巴两国在相关领域的合作正向前推进。例如，自2003年以来，为进一步提升两国军队共同应对海上恐怖主义及犯罪的能力，增强双方安全合作，巩固发展中巴全天候战略合作伙伴关系，促进共建安全海洋环境，中国海军与巴基斯坦海军先后进行了多次海上联合军演。近年来，中巴两国在渔业合作方面也取得进展。例如，中国的宇飞国际一直在建设瓜达尔最先进的鱼类加工区，耗资7400万美元。这些设施包括海鲜冷冻车间、海鲜深加工车间、制冰厂、海水淡化厂、包装厂和海洋科学研究中心。❶

中巴两国在海洋科技合作、海洋文化交流等方面虽起步较晚，但最近十年来进展较快。2012年，由原中国国家海洋局与教育部联合设立的"中国政府海洋奖学金"项目启动，主要用于资助南海、太平洋、印度洋周边国家和地区及非洲发展中国家的优秀学生、青年学者来中国攻读涉海专业硕士或博士学位。❷在该项目资助下，2012—2019年，共有57名巴基斯坦留学生来中国攻读涉海专业硕士或博士学位，占总资助人数的三分之一，

---

❶ GHULAM ALI.China–Pakistan Maritime Cooperation in the Indian Ocean. [J].Issues & Studies, 2019, 55（3）：12.

❷ 毛洋洋，洪丽莎.中巴海洋科技合作：特点、重点领域和推进策略[J].海洋技术学报，2021（3）：91.

为巴基斯坦培养了大量高端海洋科技人才。❶另外，原中国国家海洋局与巴基斯坦科技部一直保持良好合作关系。例如，2013年双方签署了《中华人民共和国国家海洋局与巴基斯坦伊斯兰共和国科技部海洋科技合作谅解备忘录》，双方表示将进一步加强在海洋科学研究与调查、气候变化与海平面上升、海岸带综合管理及相关研究培训、海洋环境保护、海洋观测与海洋防灾减灾、海洋卫星遥感与应用、海洋资料和数据交换、海洋能源开发与研究、海洋政策与海洋法等领域的合作。❷2015年，双方签署了《中华人民共和国国家海洋局与巴基斯坦伊斯兰共和国科学技术部关于共建中巴联合海洋研究中心的议定书》，建立中巴海洋科技合作平台——中巴联合海洋研究中心，更好地统筹管理中巴海洋科技领域的合作。❸2017年，应巴基斯坦国家海洋研究所邀请，中国科学院南海海洋研究所"实验3"号科考船前往巴基斯坦外海的莫克兰海沟，开展海洋地质、物理海洋、海洋生物与微生物等多学科综合考察。该研究将使科学家能够评估潜伏在深海中的危险水域，其收集的数据可用于未来的沿海开发商和规划者。❹

三是中巴海洋合作也面临一些挑战。例如，印度洋上多重安全困境让中巴合作面临美印等国的质疑，印度的质疑和不满尤其明显。新型冠状病

---

❶ 毛洋洋，洪丽莎.中巴海洋科技合作：特点、重点领域和推进策略[J].海洋技术学报，2021（3）：91.

❷ 中国—巴基斯坦签署海洋科技合作备忘录[EB/OL].（2013-05-23）[2021-08-05].http://news.youth.cn/gn/201305/t20130523_3262555.htm.

❸ 中巴将建联合海洋研究中心 申请"丝路基金"支持[EB/OL].（2015-04-21）[2021-08-30].http://www.chinanews.com.cn/cj/2015/04-21/7223212.shtml.

❹ GHULAM ALI.China-Pakistan Maritime Cooperation in the Indian Ocean[J].Issues & Studies，2019，55（3）：12.

毒肺炎疫情全球蔓延也给中巴合作带来了挑战。目前来看，诸多国家的蓝色经济或多或少都受疫情的影响，包括港口建设、海洋渔业等。在此背景下中巴之间的海洋合作也受到一定影响，包括港口合作、渔业开发及海军合作等诸领域。

## （二）相关政策建议

中巴拥有良好的政治互信和合作基础。在各自开始重视海洋的背景下，中巴海洋合作不仅应继续向前推进，还应该成为未来中巴合作重点领域之一，为构建中巴蓝色伙伴关系和中巴海洋命运体夯实基础。

一是双方要继续加大在海洋开发利用方面的合作，营造互信合作、互利共赢的良好局面。可重点以中巴经济走廊和 21 世纪海上丝绸之路的建设为牵引，与巴基斯坦的国情相适应，增强海洋开发能力，加强中巴蓝色经济合作。例如，两国应该重视在海洋能源开发利用方面的合作。目前，应对气候变化已经成为国际社会共识，各国正加大对清洁能源的开发利用，中巴两国也不例外。在此背景下，两国在海洋可再生能源（包括海上风电、潮流、洋流、潮差、波浪能、海洋热能、盐度梯度和生物能等）的开发利用方面存在较大合作空间。

二是要大力推进中巴蓝色伙伴关系、中巴海洋命运共同体的构建，完善双边和多边机制，共同维护海上航行自由与通道安全，共同打击海盗、海上恐怖主义，应对海洋灾害，构建和平安宁的海洋秩序。

三是要拓展合作领域和合作空间，确定合作优先领域。中巴经济走廊建设正在进入高质量发展新阶段，港口建设依然是中巴海上合作的重点，但是其他领域的合作依然有必要受到更多重视。以海洋渔业为例，巴基斯坦位于阿拉伯海沿岸，其是印度洋渔业资源较丰富的海域。但巴基斯坦捕捞和加工技术落后，本地渔船大部分是中小型渔船，主要在近海捕鱼，缺少能在远海捕鱼的大中型渔船。由于缺乏相应的技术和装备，巴基斯坦的海洋渔业资源并没有被充分挖掘。中国在渔业方面拥有相关的技术和经验，中巴渔业合作空间大。

## 四、结语

21世纪是海洋的世纪，正如李克强总理在中希海洋合作论坛上指出，海洋不仅不是隔断各国沟通联系的障碍，而且日益成为不同文明间开放兼容、交流互鉴的桥梁和纽带。❶21世纪以来，巴基斯坦开始重视海洋，并调整国内的海洋政策。同样，中国也强调海洋强国建设，并积极参与全球海洋治理。在此背景下，中巴海洋合作逐步受到两国的重视，在中巴经济走廊建设和21世纪海上丝绸之路倡议的牵引下，中巴海洋合作取得较大进展。总体来看，中巴两国海洋合作空间大，潜力有待挖掘。中巴蓝色伙伴关系和中巴海洋命运共同体的构建任重道远，但其必将进一步巩固两国双边关系。海洋合作可以成为未来中巴合作新的增长点。

---

❶ 李克强：努力建设和平合作和谐之海——在中希海洋合作论坛上的讲话（二〇一四年六月二十日，雅典）[N]. 人民日报，2014-06-21.

# 中国巴基斯坦研究知识图谱分析*

苏 楠**

**【摘要】** 在"一带一路"倡议和中巴经济走廊不断推进的大背景下，深入、全面开展巴基斯坦研究有助于有效应对当前及未来面临的挑战和问题。基于文献计量分析视角，本文使用 CiteSpace 软件对我国巴基斯坦研究的高水平文献数据进行知识图谱分析，梳理我国巴基斯坦研究领域的年代分布、学科分布、作者和机构分布、期刊分布、基金分布等基本现状，挖掘巴基斯坦研究的高频关键词、聚类主题和时区演化等，在此基础上提炼、归纳巴基斯坦研究的核心主题，并对相关主题进行文献解读，以期为巴基斯坦研究和中巴合作实践提供一定参考。

**【关键词】** 巴基斯坦；知识图谱；热点主题；展望

---

\* 本文为四川大学火花研究项目"中国边疆安全治理的质量评估研究"（课题批准号：2018hhf-24）成果。

\*\* 苏楠：四川大学国际关系学院、中国西部边疆中心助理研究员。

## 一、引言

习近平总书记多次指出，当今世界正经历百年未有之大变局。尤其是在我国周边区域，地缘政治博弈、经济贸易合作、恐怖主义与反恐斗争、周边国家外交关系、领土与主权争端、区域一体化进程等在交织往复的进程中发展变化。随着"一带一路"倡议的提出和中巴经济走廊的推进，巴基斯坦正在成为这一进程的重要节点之一。那么，巴基斯坦在这一进程中将扮演什么样的角色？鉴于巴基斯坦在地缘、地理与地位的三重特殊性，有必要全面、系统审视巴基斯坦，以增进对巴基斯坦的了解和认知，把握巴基斯坦的政治动态，探究其未来时期的形势变化，增强我国重大对外战略的前瞻性、预见性，以期更高效、安全地推进中巴经济走廊建设和"一带一路"倡议。

中巴从建交开始，中巴关系一直保持良好发展势头，我国关于巴基斯坦的研究也比较丰富，相关研究成果对我国发展中巴关系、推进中巴合作起到了有力的支撑作用。本文以20多年来国内学者发表的巴基斯坦研究文献为样本，开展实证计量分析，绘制巴基斯坦研究知识图谱，梳理我国巴基斯坦研究的基本现状，挖掘国内巴基斯坦研究的热点主题，厘清我国巴基斯坦研究的阶段变化，为进一步强化巴基斯坦研究能力、丰富巴基斯坦研究视角、创新巴基斯坦研究成果提供有益参考。

## 二、数据来源与研究方法

### （一）数据来源

国内关于巴基斯坦的研究起步较早，研究广泛，成果丰富。本文关注 20 多年来我国巴基斯坦研究的发展现状、主要内容及变化趋势。中国知网 CKNI 核心数据库是我国社会科学研究领域比较权威、全面的文献数据库，所收录的期刊代表了该领域较高的研究水平。本文基于 CKNI 核心数据库，以 CSSCI 为检索条件开展数据遴选，主题词为巴基斯坦，检索时间跨度为 1998—2021 年，对检索结果进行数据清洗、校对剔重和梳理汇总，共获得有效核心文献 620 篇。总体来看，数据检索与核对规范，相关文献基本涵盖了 20 多年来巴基斯坦研究的主要内容，能够开展文献计量分析。为了避免泛义词和不规范词对分析结果的影响，本文对题录样本进行了数据清洗、降噪处理：合并意义相近的关键词等；删除泛义词汇。

## （二）研究方法

文献计量分析及其可视化研究工具是近年来在社会科学研究中常用的一种研究方法，通过将信息技术与已有文献的结合分析，能够帮助学者了解当前某一领域研究的基本情况、变化趋势，同时可以以知识图谱的形式展现这些研究的样态。文献计量分析中的词频分析、共词分析、聚类分析等主要利用计量方法统计分析一定数量相关文献的主题词、关键词等，进而探究某一领域、学科、主题的热点内容和前沿趋势。❶

信息计量与可视化专家陈超美教授设计的基于引文分析理论的 CiteSpace 知识可视化软件，将知识领域浩如烟海的文献数据，以一种分时、断层、多元、交互的引文分析可视化语言，通过合理精准的时间与空

---

❶ 黄萃，赵培强，李江. 基于共词分析的中国科技创新政策变迁量化分析 [J]. 中国行政管理，2015（9）：115.

间布局，进而将该研究对象的发展变化情况系统性地呈现在规模化网络节点的图谱之上。❶ 同时，提供多维视角的分析理路，显示图谱本身的可解读性。本文将结合 CiteSpace 计量分析工具及相关图表呈现，分析解读当前我国巴基斯坦研究的整体情况。

## 三、巴基斯坦研究的基本现状

### （一）时间分布

巴基斯坦研究一直以来都是我国国别研究中的重要对象，从 1998—2021 年的大跨度研究史来看，巴基斯坦研究保持了一定的热度，研究发文量从 1998—2007 年年发表论文数量 10 篇左右，到 2008 年开始呈现明显的跃升趋势，2011 年、2015 年出现两次研究高潮，分别都超过了 50 篇发文量，并且从 2008 年开始年均发文数量超过 40 篇（图 1）。

将发文的时间分布与事件节点、国家方针、战略倡议和政策出台相结合，发现两者之间有着明显的共振效应，关系密切。例如，2007—2008 年正值巴基斯坦政局动荡和换届选举，其中围绕穆沙拉夫的系列政治事件及其走向牵动南亚政治格局及中巴关系发展，国内学界高度关注，主要聚焦巴基斯坦政局演化、前景预测、地缘格局及其对中巴关系发展的影响等议题。2011 年正值中巴建交 60 周年，外交界与学术界举办了一系列纪念和交流活动，相关研究围绕中巴关系发展进行了大量的讨论，如梳理中巴关系发展史、中巴政治互信与友好互助，以及巴基斯坦发展前景等研究。"一带一路"倡议和中巴经济走廊建设的提出直接助推巴基斯坦研究

---

❶ 李杰，陈超美. CiteSpace: 科技文本挖掘及可视化 [M]. 北京：首都经济贸易大学出版社，2016：2.

进入新的历史阶段,该阶段我国学者主要关注中巴经济走廊建设的路径方案、中巴合作的安全风险、"一带一路"与中巴合作,以及中巴印三边关系等问题。从当前文献发表情况来看,我国巴基斯坦研究正在进入一个稳定期。由于亚洲地缘政治发展与我国"一带一路"倡议的推进,尤其是未来一段时期中巴经济走廊的持续建设,关于巴基斯坦方面的相关研究将会维持在较高热度,并且相关研究已经开始从国别外交、政局发展、地缘政治、恐怖主义等传统方面向经济合作、安全风险、能源合作、文化交流等领域拓展、深化。

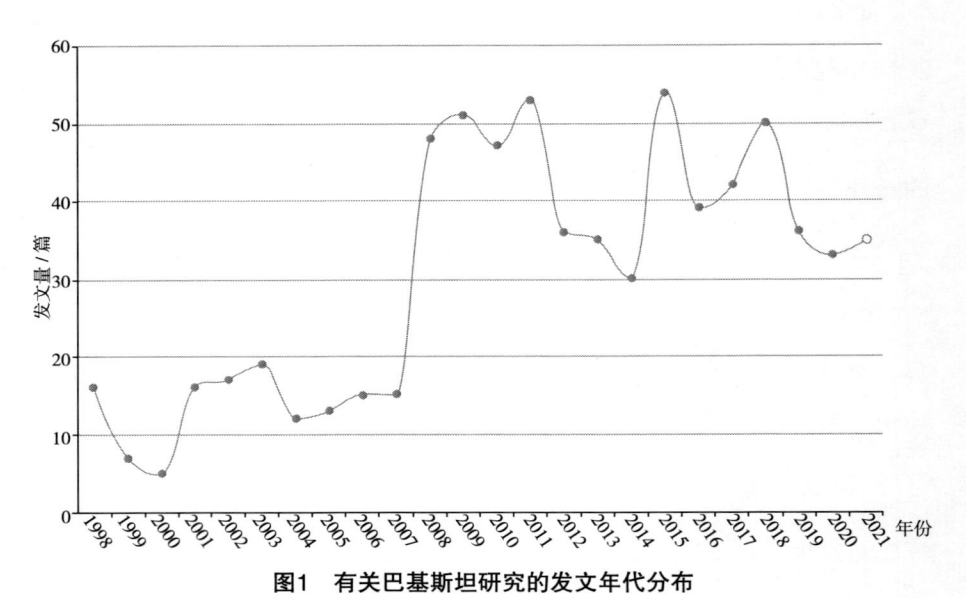

**图1 有关巴基斯坦研究的发文年代分布**

## (二)学科分布

我国关于巴基斯坦的研究文献从学科分布上具有明显的集聚性特征,其中,巴基斯坦研究文献的56%以上属于政治学学科,其次是国民经济、国际贸易、理论经济学、工业经济等经济学学科的相关文献,另外还有少量文献分布在宗教、教育、历史、新闻传播、文学等学科领域。这充分说明了我国巴基斯坦研究的主流在政治学范畴，同时也反映了我国学界对于巴基斯坦研究存在视角单一的问题，缺乏对巴基斯坦文化、宗教、经济、历史、人口等方面的深度探索，这可能导致我们对巴基斯坦的认知片面化、形式化，不利于我国与巴基斯坦开展更深入、更广泛的合作。在当前中巴经济走廊建设持续推进的大背景下，相关文献对于巴基斯坦的经济发展、工业结构、金融体系、投资贸易等方面的研究不足，研究文献数量欠缺，难以有效满足我国政府及企业部门对巴基斯坦经济合作有关知识信息的需求，不利于中巴经济合作的长效发展，也不利于强化保障我国的国家利益和经济利益。

## （三）基金分布

在巴基斯坦研究的基金分布方面，如图2所示，国家社会科学基金是主要资助来源，其资助项目的总数量在所有基金项目中是最多的，达到90项之多。需要指出的是，相关研究项目不一定以巴基斯坦为单一或主要研究对象。国家社会科学基金是我国在社会科学研究领域，尤其是基础研究与对策研究中最主要的支持渠道，具有权威性、专业性、导向性的作用。国家社科基金项目中有如此多的项目涉及巴基斯坦研究，产出了巴基斯坦研究的高水平学术成果，表明巴基斯坦研究的重要性。尤其在"一带一路"倡议和中巴经济走廊提出之后，巴基斯坦研究的重要性、迫切性进一步提升，围绕巴基斯坦的研究课题不断升温，国家社科基金及其他相关资助项目有所增加，同时也要求研究者从新时代的新要求、新需求、新导向上，拓展巴基斯坦研究范围和研究视角，创新巴基斯坦研究思路，提升巴基斯坦研究的广度、深度与密度。

图2　巴基斯坦研究的基金分布

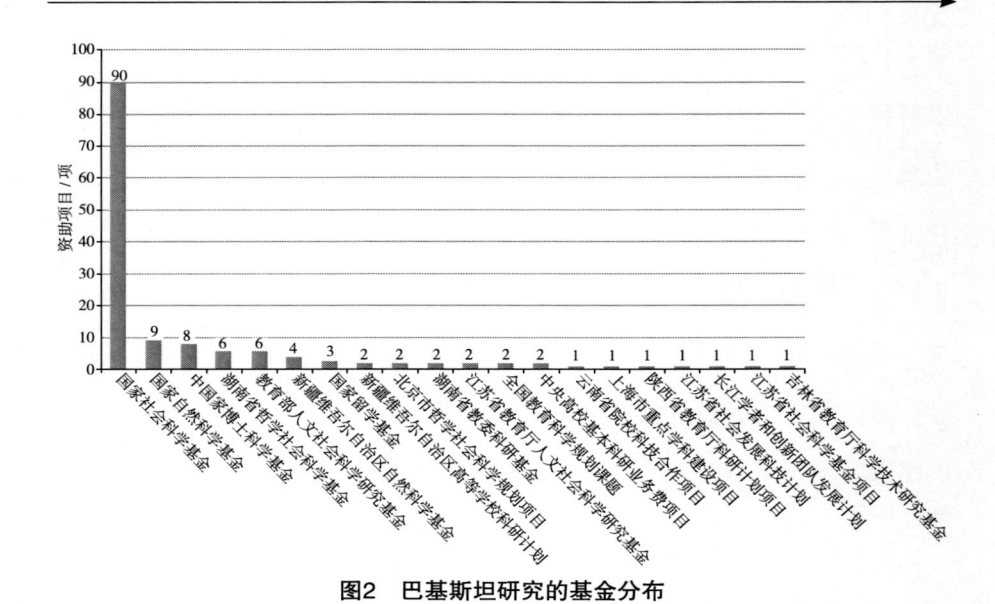

资料来源：中国知网核心数据库。

### （四）作者与机构分布

CiteSpace 文献计量工具能够根据所选文献的信息点开展统计分析，相关统计指标在多个方面具有指向性和预测性作用。由图3可知，目前巴基斯坦研究发文数量排名靠前的机构分别是教育部人文社科重点研究基地四川大学南亚研究所、四川大学历史文化学院、中国人民大学国际关系学院、复旦大学国际关系与公共事务学院、中国国际问题研究所、北京大学国际关系学院、西华师范大学历史文化学院、云南省社会科学院南亚研究所、上海外国语大学中东研究所、兰州大学中亚研究所等，这些机构已经成为当前我国巴基斯坦研究的中坚力量。其中，教育部人文社科重点研究基地四川大学南亚研究所及其下属单位的发文量遥遥领先，几乎占据国内巴基斯坦研究的半壁江山，成为我国巴基斯坦研究的核心机构。南亚研究所的相关专家、学者们长期跟踪研究巴基斯坦问题，产出了一大批高水平的研究成果。发文数量较多的学者有陈继东、张力、兰江、韩晓青、高志刚、郑瑞祥、向文华、丁建军、何美兰等人，这些学者大多在前述发文机构任职，成为我国巴基斯坦研究领域的骨干力量。

然而，需要提醒的是，图中的网络节点数量多，但是连线数量相对较少，且网络密度比较低，这说明相关研究机构及其学者之间的网络合作关系相对分散，没有形成密切的合作研究范式，巴基斯坦问题的学术研究共同体尚未形成，这不利于巴基斯坦研究集群式的纵深交叉发展，更不利于产出高质量、高水平的巴基斯坦研究成果，在某种程度上限制了我国巴基斯坦研究的国际影响力和显示度。

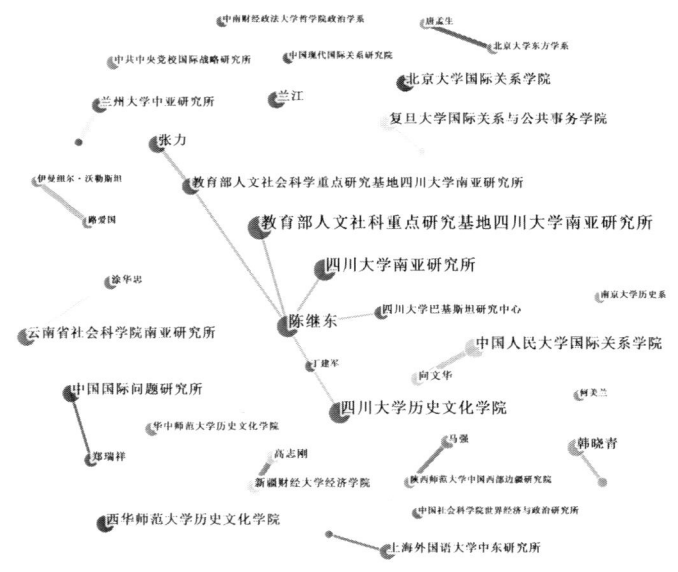

**图3　巴基斯坦研究机构与作者分布**

注：图中节点代表有关巴基斯坦研究的重要机构和作者，节点的大小反映了该机构、作者的发文数量情况，发文数量在某种程度上体现了该研究机构、作者在相关主题领域的科研水平和研究产出能力。一般而言，发文量越多，影响力越大，从侧面体现出该机构、作者对这一领域研究的长期性、关注度和活跃度。

连线代表不同机构、作者之间的关联性，表明其在研究中存在合作关系。连线越粗，其合作越紧密，互动性越强。需要说明的是，受图片篇幅及显示度的影响，一些关联度较小、发文量较少的节点作了隐去处理，不影响图谱展示的主要内容。

## （五）期刊分布

从 CNKI 核心数据库获取的巴基斯坦研究文献主要来自《南亚研究季刊》《南亚研究》《现代国际关系》《国际经济合作》《国际问题研究》《世界宗教文化》《当代亚太》《中国穆斯林》《中国宗教》《世界民族》等期刊。基于布拉福德信息定律，笔者发现平均每本期刊刊载样本论文数为4.65 篇，其中《南亚研究季刊》《南亚研究》《现代国际关系》等刊物成为巴基斯坦研究的主要平台，尤其是《南亚研究季刊》占据了样本数量的40% 以上，这表明该研究领域呈现绝对分散和相对集中的双重特征，巴基斯坦研究存在一定的成熟性，但还有较大的发展空间。统计发现这些期刊主要是政治学领域刊物，经济学、文学、宗教学等学科也有少量期刊出现，这与巴基斯坦研究的学科分布相对一致。期刊和学科分布相吻合的基本情况，再次提醒我们应该拓展巴基斯坦研究的外延，积极推进不同学科交叉研究、多维度多视角的横向探索过程。

## 四、巴基斯坦研究的知识图谱

### （一）词频分析

词频分析方法是一种多维尺度的因子分析与引证分析方法，是文献计量学的基本分析工具之一。[1] 在文献计量分析中，通过对一定数量的文献中使用的关键词、主题词等核心词汇的词频进行统计，能够反映研究主题的主要内容、发展变化等情况。尤其是，关键词具有清晰明确的指向性特

---

[1] 张勤. 词频分析法在学科发展动态研究中的应用综述 [J]. 图书情报知识，2011（2）：95.

征,是对文献内容的集中概括,能够较清楚地反映这一研究领域的主题分布情况。

通过对巴基斯坦研究文献的词频统计得出,相关文献共包含关键词320个,总词频数为1928次,平均每篇论文关键词3.1个,表1列举了排名前30的高频次关键词。表1中所列的关键词是我国巴基斯坦研究文献中使用频率最高且最有代表性的词汇。排名前十的关键词分别是巴基斯坦、阿富汗、中巴经济走廊、美国、印度、"一带一路"、塔利班、中国、中巴关系、恐怖主义,由此可以看出国内学者目前有关巴基斯坦的研究比较集中在双边与多边关系、地缘政治、"一带一路"与中巴经济走廊、恐怖主义与反恐斗争等主题上。

**表1 相关研究文献高频关键词(排名前30)**

| 序号 | 关键词 | 频数 | 序号 | 关键词 | 频数 | 序号 | 关键词 | 频数 |
| --- | --- | --- | --- | --- | --- | --- | --- | --- |
| 1 | 巴基斯坦 | 378 | 11 | 卡拉奇 | 15 | 21 | 国家安全 | 7 |
| 2 | 阿富汗 | 66 | 12 | 美巴关系 | 13 | 22 | 反恐战争 | 7 |
| 3 | 中巴经济走廊 | 53 | 13 | 伊斯兰堡 | 13 | 23 | 普什图人 | 10 |
| 4 | 美国 | 47 | 14 | 伊斯兰教 | 13 | 24 | 南亚次大陆 | 10 |
| 5 | 印度 | 35 | 15 | 穆沙拉夫 | 12 | 25 | 印巴分治 | 7 |
| 6 | "一带一路" | 34 | 16 | 反恐 | 11 | 26 | 中巴贸易 | 7 |
| 7 | 塔利班 | 30 | 17 | 穆斯林联盟 | 9 | 27 | 反恐合作 | 7 |
| 8 | 中国 | 25 | 18 | 瓜达尔港 | 9 | 28 | 南亚 | 6 |
| 9 | 中巴关系 | 25 | 19 | 穆斯林 | 9 | 29 | 新疆 | 6 |
| 10 | 恐怖主义 | 23 | 20 | 中印关系 | 7 | 30 | 印巴关系 | 6 |

## （二）关键词共词分析

基于关键词的共词分析，是对两个关键词同时出现在一篇文献中的次数进行统计分析，发现一定数量文献中共同关注议题的频率、程度和热度等，进而探究学科演化的发展情况。❶ 采用 CiteSpace 4.8 开展巴基斯坦研究关键词共词分析，将高频关键词及其共现关系抓取出来，进而构建起以层次化、网络化的形式展现其关联样态，以可视化图谱的形式呈现其中的热点主题。

图 4 为基于 1998—2021 年 620 余篇高水平文献数据巴基斯坦研究的可视化图谱，该图谱宏观再现了 20 多年来我国巴基斯坦研究的图景全貌。图上节点的整体大小反映了关键词的共现次数，节点越大，共现次数越多。为了更加清晰和直观地展示主要信息，笔者对图谱进行了微调，将其中一些边缘节点、无效连线减除隐去，凸显巴基斯坦研究的核心热点。从图谱中可以看到，巴基斯坦研究的聚类图谱呈现多中心态势，并向不同方向辐射延展，其节点分布相对均匀、节点之间的网络联系相对密切，网络中心度不高，但是核心节点明显且相互之间存在一定的连线，核心节点都附属了一些次要节点形成比较密集的聚类团。"巴基斯坦"这一关键词的节点中心度并不高，其他核心关键词的中心度与其接近，显示出巴基斯坦研究存在多主题、多中心、多层次的特征。中心节点连线密度指标表明在研究中存在较多相对独立的分支。

---

❶ 余本功，王龙飞，陈杨楠，等.基于文献多属性加权的共词分析方法研究[J].情报科学，2019，37（1）：122-128.

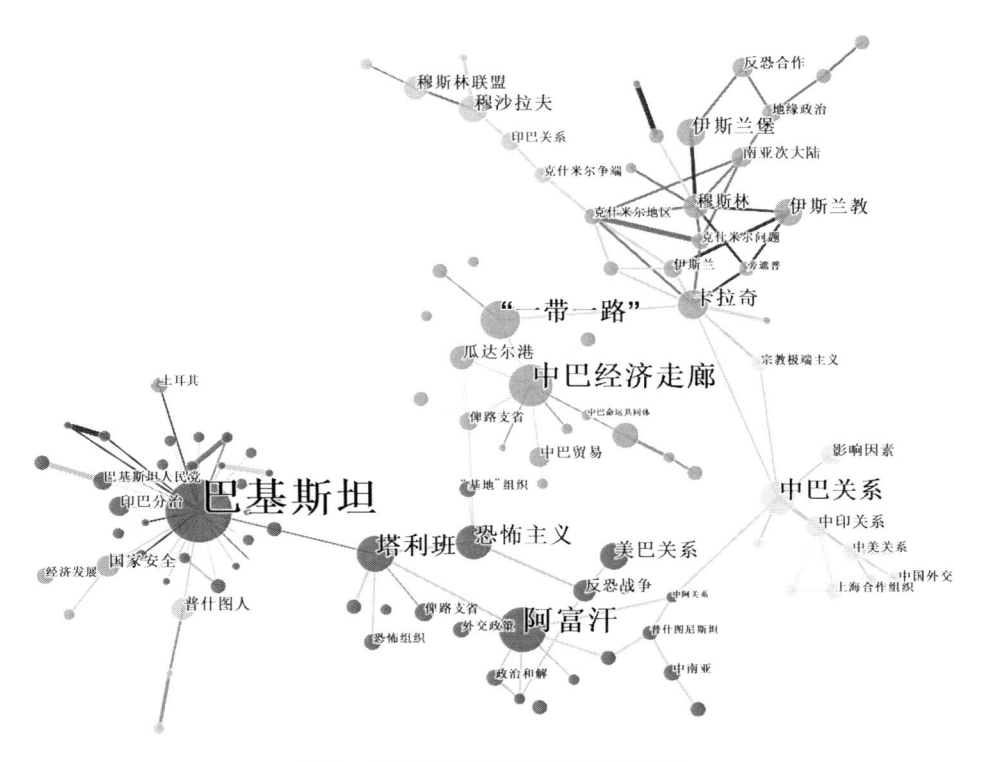

**图4 巴基斯坦研究的共词聚类图谱**

通过词频列表和聚类图谱可以发现,在巴基斯坦研究领域出现了多个中心类团,这些中心类团由每个高频词及其相互连线构成,不同的高频词节点借助连线与具有方向一致性、意蕴同质性的其他节点相联系。透过图谱上节点和连线可以梳理出这些类团及其节点主要有:"一带一路"—中巴经济走廊—中巴命运共同体—瓜达尔港—俾路支省—"基地"组织,巴基斯坦—巴基斯坦人民党—印巴分治—国家安全—经济发展,巴基斯坦—土耳其,巴基斯坦—塔利班—阿富汗—恐怖主义—恐怖组织—俾路支省,阿富汗—外交政策—政治和解—反恐战争—美巴关系,阿富汗—中阿关系—中南亚—普什图尼斯坦—中巴关系,中巴关系—影响因素—中印关系—中美关系—中国外交—上海合作组织,穆斯林联盟—穆沙拉夫—印巴关系—克什米尔争端—克什米尔地区，穆斯林—伊斯兰堡—反恐合作—地缘政治—南亚次大陆—伊斯兰教—克什米尔问题—伊斯兰—旁遮普—卡拉奇等。上述类团具有明显的政治属性偏好，因而体现出较低程度的异质性，即关注的热点主题具有基本的差异化、层次性，但是并不是完全分散的，如在国际外交方面，中巴、中印、美巴、中美乃至美印的双边关系都有较多连线；在中巴合作方面，中巴经济走廊、"一带一路"与恐怖主义、反恐形势等也有联系；在印巴关系方面，美巴关系、中巴关系、中印关系、中美关系等节点都有交互性。这就再次表明巴基斯坦研究的不同研究方向之间存在密切关系和相互影响。

依据该图谱分析、共词分析，结合文献研究，本文认为当前我国在巴基斯坦研究方面主要存在以下几个研究主题：中巴关系研究、巴基斯坦政治经济研究、"一带一路"与中巴经济走廊研究、中巴印美外交关系研究、恐怖主义与反恐研究、巴基斯坦文化宗教地理研究等。

## （三）时区分析

科学计量学认为，不同时期的学术论文关键词使用情况会显示该时期研究的特殊偏好，因此如果能够将这些关键词热点按照时间序列排列就可以显示该研究在某段时期内的演化趋势。[1] 本文梳理了1998—2021年我国巴基斯坦研究相关文献主题词的年度演化情况，每3年为一个时间切片，该切片内的主题词可视为该区段研究的主要内容。根据论文发表年度分布、研究主题结构和区段内容展现情况，可将我国巴基斯坦研究划分为以下几个阶段。

---

[1] 张玲玲，房勇，杨涛，等. 管理科学与工程热点研究领域的文献计量分析 [J]. 管理学报，2005（4）：379.

1998—2001 年，学者们主要关注世纪之交巴基斯坦和印度的核军备竞赛与军控问题、印巴边界局势、巴基斯坦政治民主化进程和中巴全面合作伙伴关系建设等内容，同时也有学者关注巴基斯坦基础设施建设面临的困难等。

2002—2005 年，"9·11"事件发生后，巴基斯坦与美国关系日益密切，学者们迅速关注了阿富汗塔利班与巴基斯坦的关系、巴基斯坦对恐怖主义的斗争策略、美巴关系变化及由此带来的美印关系变化、巴基斯坦复杂的安全风险问题、巴基斯坦境内极端宗教主义问题等。同时，巴基斯坦政治选举及其局势变化、巴基斯坦经济发展问题也受到较多讨论。

2006—2010 年，随着打击恐怖主义进入新的阶段，学者依然保持着对巴基斯坦境内恐怖主义研究的较高热度，其中美巴在打击恐怖主义中的政治交换行为受到较多讨论。同一时期，学界对我国与巴基斯坦的经济贸易合作展开较多关注，"贸易—能源"走廊❶及"俾路支问题"❷已经多次被提出。同时，因巴基斯坦的换届选举与政局动荡，学界讨论了巴基斯坦军人政权、议会选举和民主政治的关系及其发展趋势，同时还关注了巴基斯坦部分区域的恐怖活动新变化、印度与巴基斯坦边境冲突新形势等问题。

2011—2014 年，"本·拉登之死"带来了巴基斯坦政治局面新变化，美国与巴基斯坦十年反恐合作进入尾声，学者开始梳理美国与巴基斯坦在后恐怖主义时期的新动态，同时回顾了巴基斯坦在打击恐怖主义中的得与失，研判未来巴基斯坦面临的战略选择及其战略困境问题，相关学者关注了巴基斯坦在经济增长方面面临的难题。与此同时，中国与巴基斯坦在经

---

❶ 吴永年. 论中巴开辟新"贸易—能源"走廊[J]. 世界经济研究，2006（11）：83.

❷ 叶海林. 对俾路支解放军恐怖活动的分析[J]. 南亚研究，2007（2）：36.

贸往来方面取得新的发展，并且在人文交流方面也得到长足进步。学者们着力研究了中国—巴基斯坦能源通道、铁路连接线及跨国公司构建等问题，并对"俾路支问题"给予了更多讨论。

2015—2018年，随着"一带一路"倡议的提出，巴基斯坦方面给予积极回应和大力支持，中巴经济合作进入快车道，国内学者对中国在巴基斯坦海外利益维护、中巴双边贸易的竞争合作、"一带一路"背景下巴基斯坦的战略地位与发展机遇、中巴经济走廊建设的风险评估与应对策略、巴基斯坦能源发展与基础设施建设等进行了大量讨论。正因如此，2018年成为我国巴基斯坦研究的高峰。与此同时，分离主义、恐怖主义对上述议题的安全威胁及其应对策略也越来越多地被研究，如俾路支分离主义势力对中巴经济走廊的影响研究。❶这一阶段，对巴基斯坦国内恐怖主义的发展演化、回顾总结等研究也较多，尤其是相关研究讨论了美国在其中的角色及其影响因素等问题。巴基斯坦人口、人文、语言、文学、艺术、教育及宗教方面的研究成果也明显增多。这一阶段，少量研究关注印巴在核不稳定、核扩散风险方面的问题。

2019年以来，伴随着"一带一路"倡议和中巴经济走廊建设的深度推进，学者们从安全风险、地缘风险、生态风险、宗教风险、经济风险、货币风险、政治风险、资源风险、外交风险等多个方面对中巴经济走廊建设的具体项目开展了一系列实证性、调研性研究，如瓜达尔港建设研究已经成为国内巴基斯坦研究的重要案例❷，同时学者们对巴基斯坦的经济增长、外贸政策、政府财政、政治制度、贸易规则、贫困问题等进行了拓展性、

---

❶ 张元.俾路支分离主义势力对中巴经济走廊的看法及其成因 [J].南亚研究，2016（2）：24.
❷ 曾祥裕.巴基斯坦瓜达尔港对国际安全态势的影响 [J].南亚研究季刊，2009（2）：31.

专题性研究，这些研究强化了我国对巴基斯坦的认识和了解。2020年新型冠状病毒肺炎疫情暴发后，学者们迅速从疫情风险方面关注了巴基斯坦防疫抗疫形势，讨论了疫情对巴基斯坦政治经济稳定的影响程度。❶ 同时，巴基斯坦经济危机、巴基斯坦贫困问题、印巴新冲突、特朗普时期美巴关系、巴基斯坦政治格局变化、巴基斯坦恐怖主义和分离主义活动等也持续受到关注。

## 五、巴基斯坦研究的热点主题

基于前述巴基斯坦研究的基本现状分析、词频分析、共词分析、时区分析，我国巴基斯坦研究目前主要聚焦于以下几个主题的讨论，并且不同主题研究热度存在较大差异。

### （一）中巴关系研究

中巴关系研究是国内巴基斯坦研究的重要方面，该主题下大量研究讨论中巴关系建立的发展路径、面对问题及未来发展趋势。从研究中发现，中巴建交初期，巴基斯坦与中国的关系发展受到美国外交策略的重要影响，因此在一些重要乃至核心问题上巴基斯坦出现过态度反复。❷ 但大量研究指出，基于中巴关系从建交初期一直发展到当前的"全天候战略合作伙伴关系"，中巴外交关系的整体发展比较顺利。学者们关注了这一进程中巴基斯坦在中国核心利益方面的态度，如台湾问题、边界问题、新疆问题等。整体上看，中巴关系的发展更多的是双方国家利益、核心利益存

---

❶ 陈小萍．构建中巴卫生健康共同体——以中巴新冠抗疫合作为例［J］.南亚研究季刊，2020（4）：77.

❷ 韩晓青．试论中巴建交及建交初期的两国关系［J］.党史研究与教学，2014（6）：44.

在较大共同话语,双方从各自国家利益和地缘政治背景出发,推进双边关系不断深化发展。同时,还有一些区域性议题,如上海合作组织、东南亚条约组织、"一带一路"倡议、中巴经济走廊、克什米尔问题、恐怖主义问题等。研究发现,中巴关系的进展与双方面临的复杂的全球竞争与区域地缘格局有重要关系,如印度是引发中巴关系变化的重要变量。近年来,中巴的经济贸易合作对于推动中巴关系"实在化"发展作用突出,两国关系开始从政治、外交向经济、贸易、能源和文化、教育、人员、科研等多个方面拓展。学者们建议未来中巴应该进一步强化拓展通道建设、农业合作、水资源管理合作、产业对接、减贫救灾等方面的关系建设。❶

### (二)巴基斯坦政治经济研究

巴基斯坦政治结构复杂、政局不稳定特征明显,多数研究关注巴基斯坦政治建构中的国家认同、族群认同和宗教认同等问题,并发现军人干政、家族政治与民主诉求的冲突在某种条件下出现调和性,但是受到世俗主义、宗教价值的影响,巴基斯坦的政治进程动态变化明显。❷ 巴基斯坦政治秩序面临的另一重重大障碍是其境内极端化、分离主义等倾向,诸多研究分析了巴基斯坦开展的去极端化实践,如巴基斯坦通过反恐措施、教育改革、宗教改革、集权改革、打击极端分子、基层反腐及与周边国家合作等形式,在去极端化方面取得了一定的进展,但是由于受到国家经济发展滞后、民生改善需求得不到保障等根本性因素制约,这些成效存在很大

---

❶ 曾祥裕.“中巴关系六十年:历史、趋势与措施”国际学术研讨会综述[J].南亚研究季刊,2011(2):108.

❷ 时佳希.巴基斯坦国家构建进程的多维阐释[J].史学集刊,2020(3):117.

的不稳定性。近年来，巴基斯坦政治格局的演变呈现有序发展的新局面，如正义运动党基于其基层政治动员能力获得执政地位，这引起学界较大的研究兴趣，或许表明巴基斯坦民众的基本诉求与政治回应之间形成了话语框架，巴基斯坦政治结构正在进行着新的调整。❶

在巴基斯坦经济研究方面，学者们主要关注巴基斯坦的经济结构、农业发展、对外贸易、能源发展等问题，但研究缺乏深度、广度，还没有形成系统化的国别研究范式。关于巴基斯坦经济结构的研究，主要侧重巴基斯坦经济增长情况、产业政策调整及中巴贸易对接等，其中巴基斯坦经济增长的影响因素受到较多关注，如有学者认为第三产业产值、进口依存度、出口依存度对巴基斯坦实际 GDP 变动有重要影响，我国应该调整对巴经济外贸政策；❷ 而在农业发展研究方面主要考察了巴基斯坦农业人口、农民收入及农业优势产品等；在对外贸易研究方面，学者关注点主要是巴基斯坦外贸结构、商品结构、外贸收支及中巴外贸增长问题；在能源领域，主要分析了巴基斯坦能源安全、能源种类、能源结构及能源需求、能源短缺等问题。❸ 根据文献总体来看，近年来巴基斯坦能源开采增加、对外依存度有所下降，但是能源供给不稳定的局面短期还难以解决。

## （三）"一带一路"倡议与"中巴经济走廊"研究

"一带一路"倡议和"中巴经济走廊"建议提出以后，这两个方面随

---

❶ 李捷，赵磊.2018 年巴基斯坦大选正义运动党胜选原因分析——基于政治动员机制的视角［J］.印度洋经济体研究，2019（4）：134.

❷ 王春波，赵静，田明华.巴基斯坦经济增长的影响因素分析——基于 1997—2016 年数据分析［J］.南亚研究季刊，2018（2）：53.

❸ 屈秋实，王礼茂，牟初夫，等.巴基斯坦能源发展演变特征分析［J］.世界地理研究，2019，28（6）：50.

即成为巴基斯坦研究的核心主题。巴基斯坦是建设"一带一路"的重要力量，同时中巴经济走廊更是中巴合作的重中之重。围绕这一背景，学者的讨论主要涉及以下内容：巴基斯坦在"一带一路"倡议中的定位、目标和方案等问题研究，"一带一路"及中巴经济走廊背景下中巴外贸合作、能源管道建设、文化产业合作、港口基础设施建设、地方投融资、经济前景、科技合作、农业项目对接、灾害救助、教育发展、人文交流等，中国—巴基斯坦合作中面临的安全风险及其防范研究，"一带一路"倡议推进中面临的巴基斯坦宗教风险及其应对研究，中巴经济走廊的安全威胁及其对俾路支省的影响，等等。

有研究指出，当前中国已经成为巴基斯坦最大的投资来源国。中巴经济走廊背景下的中巴经贸合作对巴方提升脱贫能力、增加就业机会、刺激经济持续增长、改善营商环境、增加外汇储备等成效明显。❶然而研究也指出，当前巴基斯坦民间存在对中巴经济走廊及"一带一路"倡议的认知偏差，主要存在于地区利益分配、军队政府力量平衡、融资方式、生态环境破坏及谋生之计等方面，中巴经济走廊建设要顺利推进，必须进一步助推巴基斯坦国民的积极态度，尽力化解风险性态度。❷也有研究围绕巴基斯坦不同利益集团对中巴经济走廊的态度作了分类解析，巴基斯坦官方认为，"中巴经济走廊"对巴基斯坦意义重大，应全力予以支持；部分英语和乌尔都语主流媒体的评论相对谨慎；极少数地方党派和分离势力则批评"中巴经济走廊"未使巴基斯坦获益。❸其中，俾路支分离主义、民族主义

---

❶ 阿马德·拉希德·马利克，陈晓鹏.中巴经济走廊的经济前景［J］.太平洋学报，2017，25（5）：92.

❷ 何美兰.巴基斯坦人对中巴经济走廊若干认知的分析［J］.南亚研究季刊，2017（4）：31.

❸ 张杰，徐瑞.试析巴基斯坦对"中巴经济走廊"的立场及对策［J］.当代世界，2018（1）：34.

及其地方恐怖袭击正在成为中巴经济走廊建设的重大难题。研究认为，其中既有历史问题遗留、民族宗教色彩参与的因素，又有现实利益竞争及大国博弈斗争等的干预。当前，需要聚焦探索一揽子应对方案，即如何通过加强中巴政府合作、提升项目安保能力、推进多方协商会谈、合理开展民众参与、平衡多方利益冲突、强化国际舆论引领、增进民间互信民心相通、引入国际合作方等多方途径，有序高效推进"一带一路"和中巴经济走廊建设。❶

### （四）中、巴、印、美关系研究

梳理巴基斯坦研究文献，可以识别外交关系的优先项，其中中巴关系、美巴关系是巴基斯坦众多外交关系的核心议题，而印巴关系则是巴基斯坦必须面对的最复杂的双边关系。

我国学者对美巴关系的研究认为，美巴关系在"9·11"之后成为巴基斯坦外交关系中的重点。尽管在美国领导的国际反恐战争中，巴基斯坦发挥着重要作用，但在美巴关系中美国一直起着主导作用，巴基斯坦则处于弱势地位。美国对巴基斯坦核计划的关注使双方之间存在难以消除的隔阂。研究认为，后反恐时代及美印关系的升温，导致巴基斯坦尝试寻求更具平衡性的政策措施以调整应对恐怖主义的战略，而这也引起美国的警惕，促使奥巴马、特朗普乃至拜登等三任美国政府对巴基斯坦采取了援助衰减、施压增大的双重举措。尤其是特朗普政府和拜登政府对巴基斯坦反恐政策的强力干预，可能影响巴基斯坦的国内秩序、国家利益，导致巴基斯坦更加坚定调整美巴关系及其与周边国家关系的信念。在这个过程中，

---

❶ 刘宗义.中巴经济走廊建设：进展与挑战［J］.国际问题研究，2016（3）：122.

巴基斯坦建设性推进阿富汗和平进程和推动塔利班参加和平谈判，为其更具独立自主的外交政策提供了重要砝码。研究认为，在未来一段时期，巴基斯坦将与美国保持一定程度的合作关系，但巴基斯坦将关注这种关系对自身整体战略的影响作用，尤其是努力确保其与中国的经济合作不受干扰。

中巴经济走廊的推进，进一步加强了中巴关系，促使中巴实现政治关系与经济关系的螺旋上升势头，为稳固、强化中巴关系提供了更加坚实的共同经济利益基础。同时，促使巴基斯坦在与印度的地缘政治竞争中获得一定的转圜空间。当前，巴基斯坦面临较大的经济发展压力，因此其在不断强化中巴合作的同时，也在正向引导、积极推动印巴关系朝稳定良性方向发展，进而塑造安全和平的周边环境，为内部秩序调整和政府政治改革提供较好的外部环境。值得注意的是，当前受新型冠状病毒肺炎疫情影响，印巴关系可能出现新的不利因素，然而双方在各自经济发展压力的驱动下，会尽量保持克制，确保对外转移的破坏力不引发较大后果。

### （五）恐怖主义与反恐研究

巴基斯坦深受恐怖主义困扰。受到美国主导的全球反恐战争影响，近20年来巴基斯坦保持着较强的反恐力度，在一定程度上抑制了其国内面临的恐怖主义威胁，国家对边疆地区的统治能力有所上升，对非法武装组织的控制能力上升。❶ 然而，巴基斯坦本土的恐怖主义势力和民族分裂势力等依然长期存在，并且在不同时期呈现恐怖袭击事件多发恶化的情势。近期，巴基斯坦俾路支恐怖主义势力与地方民族分裂主义叠加，致使中巴经

---

❶ 张家栋，韩流. 巴基斯坦恐怖主义状况及发展趋势 [J]. 国际观察，2017（4）：102.

济走廊建设受到严重的暴力威胁。俾路支恐怖主义裹挟着宗教问题、民族问题、分离问题、经济博弈、利益分配、权力竞争、腐败问题等复杂化因素,引起国内学者对其高度关注。研究认为,俾路支恐怖主义将会在较长时期成为中巴经济走廊及其项目工程的重大威胁,并且其袭击手段多样化、袭击方式科技化、袭击目标分散化、袭击对象平民化和力量成分复杂化等特征已经越发显著,这也致使巴基斯坦的反恐形势恶化、反恐压力骤增。❶ 因此,巴基斯坦需要采取强力军事打击手段和多元利益主体合作的综合治恐方针共同应对。

## (六)巴基斯坦研究的其他方面

近年来,我国巴基斯坦研究视角不断丰富,关于巴基斯坦文化、宗教、地理、教育、人文、艺术、族群等方面的研究也在增加。学界长期跟踪研究巴基斯坦伊斯兰教发展变化,主要涉及巴基斯坦的伊斯兰教法、伊斯兰教派、伊斯兰政教关系、伊斯兰教育、穆斯林风俗、伊斯兰文化等方面。国内人类学学者们对巴基斯坦普什图人、乌尔都语、真纳大学人类学发展等进行了考察研究,并从社会变迁、时空发展、协商范式等视域梳理、归纳了巴基斯坦人类学的发展轨迹。学者对巴基斯坦高等教育、创业教育、高校改革、女性教育、儿童教育、宗教学校、留学生等方面进行了研究,指出宗教学校在巴基斯坦社会思潮形成中具有重要影响,而巴基斯坦政府对于宗教学校的管理服务存在滞后性,这可能会加剧宗教极端主义、宗教教派政治等问题。❷ 信息化时代也加剧了巴基斯坦新旧文化的分

---

❶ 李丽,苏鑫.巴基斯坦俾路支省恐怖主义及其影响[J].南亚研究季刊,2015(3):32.
❷ 焦若水.巴基斯坦宗教学校:现状、问题与社会风险[J].南亚研究季刊,2018(1):61.

野，学者研究发现，以新浪潮电影、当代艺术、新公共文化等为代表的新文化给巴基斯坦社会注入活力，同时也带来了伊斯兰文化与世俗文化之间的断裂分层及潜在矛盾。

## 六、结语

巴基斯坦作为我国的重要邻国，双方保持着长期友好外交关系，巴基斯坦在推进"一带一路"倡议和建设中巴经济走廊中扮演重要角色，必须强化对巴基斯坦的系统性、全面性研究。本文从20多年来国内巴基斯坦研究的高水平研究文献出发，讨论了巴基斯坦研究的热点问题，绘制了巴基斯坦研究的知识图谱，以期为巴基斯坦研究提供新的考察视角。受限于研究工具和研究样本，本文对巴基斯坦研究的梳理还缺乏实践案例、政策材料的佐证支撑。

我国对外战略的制定与实施具有显著的政府政策主导特征。因此，未来研究中可以通过整理我国相关政策文本、实践案例，开展基于政策、案例的巴基斯坦回溯性、反思性研究，从现实操作视角探究我国与巴基斯坦在外交、政治、经济、人文等领域的关系演化，通过理论与实证交互研究，为我国持续推动"一带一路"倡议和中巴经济走廊建设提供更具智慧的建设性方案。

# 阿富汗反恐局势走向及其对中巴合作的影响[*]

修光敏[**]

**【摘要】** 拜登政府从阿富汗撤军后,阿富汗的反恐形势更为严峻。在此背景下,中巴两国在打击恐怖组织、推动对阿援助等方面的合作面临巨大的机遇与挑战。中巴经济走廊是"一带一路"重要先行先试项目和中巴合作的标志性工程,当前背景下,中巴围绕中巴经济走廊建设可在增进媒体交流、建立联合智库、加大对巴年轻人职业技术培训、加强走廊主体项目的配套措施建设和反恐合作方面展开全方位合作。

**【关键词】** 阿富汗;反恐;中巴合作;中巴经济走廊

## 一、拜登政府撤军前阿富汗反恐问题的文献梳理

在拜登政府正式从阿富汗撤军之前,国外学界已经开始对历届美国总统的阿富汗政策进行评估和反思。驻军阿富汗之后,布什政府无法协调反

---

[*] 本文为教育部高校国别和区域研究 2020 年度课题"美撤军后阿富汗政局及反恐形势走向研究"(课题批准号:2020-G03)阶段性成果。

[**] 修光敏:四川大学国际关系学院副研究员,四川大学巴基斯坦研究中心副主任。

恐和推进民主之间的紧张关系，反而导致阿富汗局势更不安全，这迫使奥巴马政府放弃推进民主，而是寻求尽快将权力转移给缺乏合法性的阿富汗政府。❶2011年12月，奥巴马政府完成伊拉克撤军，曾预计一个稳定的伊拉克政府将会建立，但最终却相反。美国从阿富汗的撤军始于2014年，奥巴马对阿富汗人的承诺——军事上保卫阿富汗所有省份、重建该国基础设施、改革该国腐败的各级政府等都未实现，奥巴马认识到阿富汗战争无法获得胜利。奥巴马采取"轻足迹"（light footprint）策略，训练、建议和援助阿富汗部队，同时采用无人机袭击和目标清除战术打击塔利班和"基地"组织。但是当奥巴马离开白宫时，塔利班比"9·11"之后任何时期控制的领土都要多，迫使奥巴马将8400名美军留在那里。❷也有学者从总统个人信念、政策制定者的官阶、国会的反应、政策辩论中媒体和专家的作用等角度更系统地分析了从小布什到特朗普美国对阿政策的内容、达成方式、结果及对华盛顿接下来决策的影响。随着2020年2月29日特朗普政府与塔利班签署撤军协定，一些智库认为美国的完全撤军和切断援助可能导致阿富汗政府的垮台及塔利班重新掌权。❸

此外，阿富汗的恐怖主义问题一直为学界所关注。阿明·塞卡尔和基里尔·努詹诺夫主编的论文集从欧亚大陆地缘政治和安全的视角，考察了2016年北约撤军后，阿富汗及其周边地区面临的安全挑战。在该论文集

---

❶ OZ HASSAN, ANDREW HAMMOND. The Rise and Fall of American's Freedom Agenda in Afghanistan: Counterterrorism, Nation-building and Democracy[J]. The International Journal of Human Rights, 2011（4）：532.

❷ LEONARD CUTLER. President Obama's Counterterrorism Strategy in the War on Terror: An Assessment[M]. New York: Palgrave Pivot, 2017：13.

❸ Afghanistan: Background and U.S. Policy: In Brief [EB/OL].（2021-06-11）[2021-10-30]. https://sgp.fas.org/crs/row/R45122.pdf.

中，恐怖主义是一个反复出现的主题，对阿富汗、中亚国家及其他地区构成关键的安全挑战，并成为阿富汗与邻国双边关系中的主要威胁。鉴于美军在阿富汗的反恐行动成效有限并反过来导致了地区政治动荡，学者们讨论了上海合作组织等地区架构所扮演的角色。❶

"9·11"之后，美国在推翻塔利班后迅速将优先事项转为国家建构，这促使学者们开始集中关注国家建构问题。耶鲁大学的阿富汗问题专家巴内特·鲁宾一直将阿富汗视作国际社会的一面镜子，认为阿富汗国家建构中遭遇的问题恰恰源于国际社会权威的分裂、敌对和碎片化，因此，阿富汗的稳定与和平需要由联合国的高级别小组进行统一的国际决策。❷ 近年来，随着内部档案的解密，学界开始重新审视"基地"组织在阿富汗的目标、战略及与塔利班的关系。专门研究"基地"组织在阿富汗和巴基斯坦活动方式的挪威学者安妮·史坦纳森揭示了1996年以来"基地"组织和塔利班的共生关系。❸

近年来，在反恐方面，国内学者对"伊斯兰国"在阿富汗的兴起和发展进行了较为详细的探讨。张吉军分析了"伊斯兰国"在阿富汗渗透的现状、对阿富汗政局和阿富汗重建的影响、对地区和国际反恐的挑战，并且对打击"伊斯兰国"作出了展望。❹ 富育红梳理了阿境内"伊斯兰国"分支的兵力、占领区域及策略，为分析该极端组织整体发展动向提供了线

---

❶ LIU, TONY TAI-TING. Reviews of Afghanistan and Its Neighbors after the NATO Withdrawal[J]. Europe Asia Studies, 2018, 70（1）: 143-144.

❷ BARNETT R RUBIN. The Fragmentation of Afghanistan: State Formation and Collapse in the International System[M]. New Haven: Yale University Press, 2002: 4-5.

❸ ANNE STENERSEN. Al-Qaida in Afghanistan[M]. Cambridge: Cambridge University Press, 2017: 1-3.

❹ 张吉军. 评"伊斯兰国"对阿富汗的渗透[J]. 南亚研究，2017（1）: 74.

索和思路。❶ 魏亮揭示了"伊斯兰国"在阿富汗的分支组织的发展轨迹与该组织整体发展态势及阿富汗政治生态、意识形态等当地因素之间的关系。❷

## 二、拜登政府撤军后阿富汗反恐形势更为严峻

美国从阿富汗撤军的同时,美国智库就已经在考虑如何应对阿富汗的下一场危机。美国国际与战略研究中心(CSIS)研究员安东尼·科德斯曼指出,美国可以考虑采取一种更积极的策略,通过主动作出一些妥协,找到最好的方式来对阿富汗塔利班施加一定程度的影响,从而促使阿富汗塔利班尽快实现转变。例如,在政治上,谨慎地计划和实施对阿富汗塔利班政权的外交承认。在经济上,鉴于阿富汗塔利班面临的是一个深陷经济危机的失败国家,也许美国对阿富汗进行经济援助是最重要的选项。在军事上,2021年8月26日喀布尔机场爆炸之后,美国前任国防部长帕内塔声称美军可以离开阿富汗战场,但不能停止反恐战争。❸

有分析人士认为,2021年7月14日在巴基斯坦开伯尔普什图赫瓦省对达苏水电站的恐怖袭击证明了分析人士之前的担忧,即塔利班在阿富汗势力的不断增长有可能会刺激恐怖分子对中国在巴基斯坦的利益进行袭击。"巴基斯坦塔利班"与阿富汗塔利班具有长期密切联系,"巴基斯坦塔利班"分子一直利用阿富汗的土地作为庇护所向巴基斯坦发动袭击。尽管

---

❶ 富育红."伊斯兰国"南亚分支的性质、影响及发展[J].南亚研究,2017(3):81-86.

❷ 魏亮."伊斯兰国"组织在阿富汗的发展及其制约因素[J].阿拉伯世界研究,2019(3):88.

❸ ANTHONY H CORDESMAN. The Taliban Takeover: Plan Now for the Next Crisis in Afghanistan[EB/OL].(2021-08-17)[2021-11-14]. https://www.csis.org/analysis/taliban–takeover–plan–now–next–crisis–afghanistan.

巴基斯坦提出抗议，阿富汗塔利班仍未采取有力行动打击"巴基斯坦塔利班"。因此，阿富汗塔利班的崛起和衰落会影响阿富汗与巴基斯坦边境地区的形势。

此外，十分重要的一点是塔利班与其他国际恐怖组织的关系。有人担心阿富汗将再次成为恐怖主义的中心，成为来自全世界各类恐怖组织的避难所。有分析人士认为，一些国家可能会通过庇护反塔力量从而对塔利班施加某些影响力。此外，塔利班内部的政军关系也对其如何对待国际恐怖组织产生重要影响。❶

巴基斯坦一直将阿富汗视作自己的战略纵深，担心出现印度与阿富汗联手的局面，由于阿富汗对于巴基斯坦有巨大的利害关系，因此巴基斯坦自然希望在阿富汗事务上拥有发言权。美国撤军之后，阿富汗的博弈并没有终结，一场新的"大博弈"正在开启。❷

## 三、当前阿富汗局势对中巴合作的机遇与挑战

在当前阿富汗反恐局势出现重大变化的情况下，中巴合作面临着巨大的机遇与挑战。

首先，中巴两国在打击恐怖组织方面面临巨大的机遇与挑战。第一，"伊斯兰国呼罗珊省"在阿富汗北部聚集的武装分子越来越多，且将利用该地区塔吉克族与普什图族之间的矛盾拓展生存空间，俄罗斯已对该组织在中亚建立军事基地深表担忧。第二，除了一直活跃在阿富汗及阿巴边

---

❶ SUSHANT SAREEN. Afghanistan: The Endgame and the New Great Game[EB/OL].（2021-08-15）[2021-10-20]. https://www.orfonline.org/expert-speak/afghanistan-the-endgame-and-the-new-great-game/.

❷ 同❶.

境的"伊斯兰国呼罗珊省"之外,"伊斯兰国"还建立了"巴基斯坦省"(Wilayat-e-Pakistan)和"印度省"(Wilayat-e-Hind),后者的重点目标是在克什米尔地区煽动印度穆斯林反对印度政府。[1]恐怖组织"虔诚军"(Lashkar-e-Toiba)近年来也不断在印控克尔米尔制造恐怖袭击。[2]而"乌伊运""东伊运"一直盘踞在阿,寻求继续与"巴基斯坦塔利班"合作的机会。第三,虽然"美塔协议"中规定阿富汗塔利班不再庇护"基地"组织,但由于美国对此缺乏监督和强制实施手段,且二者关系错综复杂——阿富汗塔利班需要"基地"组织提供的资金和训练支持,"基地"组织需要阿富汗塔利班的庇护,因此"基地"组织很有可能继续在阿巴地区活动。因此,要努力防止各类恐怖组织以阿富汗为中心南北拓展并围绕新疆形成"恐怖主义之弧"。

2021年7月24日,国务委员兼外长王毅在与巴基斯坦外长沙阿·马哈茂德·库雷希见面时,对发生在巴基斯坦境内针对中国人员的恐怖袭击表示强烈谴责,决心加强协调配合,全力查明真相,严惩肇事真凶。中巴双方同意打造加强版的反恐安全合作框架,全面升级并强化在巴中方人员、机构和项目的安保措施,坚决防范类似事件再次发生。[3]长期看,由于失去美军的制衡,"巴基斯坦塔利班"很可能将趁机寻求复兴,并可能与"伊斯兰国呼罗珊省"展开合作,"基地"组织与阿富汗塔利班的关系

---

[1] FARHAN ZAHID. Wilayat-e-Pakistan and Wilayat-e-Hind: ISIS Reinvigorates Itself in Pakistan and India[EB/OL].(2019-07-03)[2021-10-25].https://jamestown.org/program/two-new-is-wilayat-in-south-asia-is-reinvigorates-itself-in-pakistan-and-india/.

[2] Lashkar-e-Taiba[EB/OL].(2021-11-12)[2021-11-15]. https://en.wikipedia.org/wiki/Lashkar-e-Taiba#Influence_in_Kashmir.

[3] 王毅谈中巴战略对话五点共识[EB/OL].(2021-07-25)[2021-09-20].https://baijiahao.baidu.com/s?id=1706209549816247591&wfr=spider&for=pc.

也暂不明朗。中国和巴基斯坦作为阿富汗的邻国在当前局势下面临的恐怖主义威胁将更为严峻，中巴经济走廊作为中国在巴基斯坦推进"一带一路"的重要先行先试项目，更有可能成为恐怖组织的袭击目标。现实的严峻性增强了中巴双方合作反恐的重要性和必要性，从而为双方合作打击恐怖组织提供了重要机遇。

其次，在推动对阿援助方面，中巴合作面临巨大的机遇与挑战。虽然阿富汗塔利班于2021年8月15日进入喀布尔，但阿富汗的经济却面临进一步恶化的局面。阿富汗的银行系统面临危机，民众缺乏现金。根据世界银行的数据，阿富汗国内生产总值的40%来自国际援助。而塔利班掌权之后，美国、德国等西方国家暂停了对阿富汗的援助，世界银行和国际货币基金组织也停止了对阿富汗的支付。与此同时，阿富汗中央银行的外汇储备也被冻结。❶当前，阿富汗民众每天赖以生存的物资，如面粉、石油、大米等的价格上涨，使大量阿富汗人穿越边界进入巴基斯坦，导致巴基斯坦境内阿富汗难民问题日趋严峻。❷此外，之前印度一度对喀布尔政权进行大量援助，但由于印度对阿富汗塔利班并不信任，阿富汗塔利班掌权之后，印度对阿富汗的援助开始下降。如果任由此种局面继续发展，阿富汗的经济形势将进一步恶化，民众的生存、就业等问题将进一步凸显，这样将会给恐怖组织的发展壮大提供土壤，阿富汗及周边地区的不稳定因素也将进一步增加。

---

❶ ASHITHA NAGESH. Afghanistan's Economy in Crisis after Taliban Take-over[EB/OL].（2021-08-25）[2021-11-01]. https://www.bbc.com/news/world-asia-58328246.

❷ MICHAEL SAFI, AKHTAR MOHAMMAD MAKOII. Can the Taliban Revive Afghanistan's Shattered Economy? [EB/OL].（2021-09-02）[2021-11-01]. https://www.theguardian.com/world/2021/sep/02/can-taliban-revive-afghanistan-shattered-economy.

正是在此背景之下，王毅于 2021 年 9 月 8 日表示，中国将向阿富汗紧急提供共计 2 亿元的粮食、疫苗、药品及越冬物资，并表示在将来条件成熟时，继续帮助阿富汗建设民生项目。❶ 此外，中国和巴基斯坦也可以借助已有的三国外长机制，就阿富汗的经济民生及对阿援助问题保持磋商，以合适的方式向阿富汗提供力所能及的援助，这既是对阿富汗民生的保障，也是稳定地区局势的重要举措。

最后，在应对美国"祸水东引"方面，中巴合作面临巨大的机遇与挑战。最近几年，美国战略界出现对阿富汗战争的反思。当前，美国不负责任地突然撤军，造成阿富汗政治上面临不确定性，经济上陷入困境，安全方面有恐怖组织渗入的风险。阿富汗地处南亚、中亚、西亚等几大战略板块交界地带，与中国、巴基斯坦、伊朗及中亚的土库曼斯坦、乌兹别克斯坦、塔吉克斯坦等国家接壤，地理位置十分重要。20 世纪下半叶，美国在对外政策中遵循"敌人的敌人就是朋友"的原则，和一些最保守和最狂热的激进团体结成同盟，共同对抗共产主义。❷ 这对中国与巴基斯坦共同维护地区稳定、顺利推进"一带一路"构成了挑战。如果美国这种极端利己的战略成功实施，不仅使中国西部和巴基斯坦国内面临严峻的安全形势，而且会使"一带一路"和中巴经济走廊、中国—中亚—西亚经济走廊建设面临安全风险。相反，如果中巴合作能够维护地区稳定，则不仅使中国和巴基斯坦作为地区国家直接受益，而且中巴友谊和双方互信将迈上一个新台阶。正因如此，2021 年 7 月 24 日，国务委员兼外长王毅在成都与巴基

---

❶ 王毅：中方决定向阿富汗提供价值 2 亿元的紧急援助［EB/OL］.（2021-09-08）［2021-11-01］. https://baijiahao.baidu.com/s?id=1710343606993147970&wfr=spider&for=pc.

❷ JOHN K COOLEY. Unholy Wars: Afghanistan, America and International Terrorism［M］. London: Pluto press, 1999：1-8.

斯坦外长库雷希举行会谈时，表示中国与巴基斯坦将"加强国际和地区事务协作，共同反对霸权主义和单边主义，倡导真正多边主义，弘扬全人类共同价值，维护以联合国为核心的国际体系和以国际法为基础的国际秩序，推动阿富汗等热点问题的政治解决，为世界提供和平、稳定与发展的正能量"❶。

## 四、围绕中巴经济走廊高质量发展的应对措施

中巴经济走廊是"一带一路"的重要先行先试项目，当前已经进入高质量发展阶段，并面临一系列新的机遇与挑战。站在新的历史起点，有必要从以下几个方面加强中巴合作，共同推动中巴经济走廊建设走深走实。

### （一）加强中巴两国媒体间的交流

中国应邀请更多巴基斯坦尤其是俾路支省和联邦直辖部落区（已并入开-普省）的媒体从业人员和新闻专业学生来中国培训，以增进双方了解，改变有些巴方媒体对中国和中巴经济走廊持有的消极态度。

中国媒体工作者应更多地在巴基斯坦报纸上发表文章，接受巴方媒体采访，全面增加中国在巴基斯坦纸质媒体、电视媒体、社交媒体、电影产业和广播中的影响力，加大针对中巴经济走廊的正面宣传。

中方媒体应与巴方同行合作，共同报道我国在瓜达尔港推进的民生工程。从2016年9月至今，中国已经在瓜达尔港援建了小学、医疗急救中心、海水淡化厂并入驻了医疗队。对这些民生工程，我们不仅要用中文报道，还要与巴方媒体合作，通过英语、乌尔都语及俾路支语向巴基斯坦及

---

❶ 王毅谈中巴战略对话五点共识[EB/OL].（2021-07-25）[2021-09-20].https://baijiahao.baidu.com/s?id=1706209549816247591&wfr=spider&for=pc.

当地居民、国际社会进行及时、生动的报道,其中一些感人故事还可以拍成电影或写成文学作品,从而使这些工程的正面效应逐渐凸显。

### (二)建立中巴联合智库

建立由双方的学者、已退休政治家、经济专家、媒体从业人员等共同组成的智库,对中巴经济走廊进行实事求是的分析与评估。在此过程中,也可邀请第三国的研究机构参与,以增强评估的公信力。同时,通过巴方及国际媒体公布评估报告,进而扭转目前西方媒体对中巴经济走廊负面报道的局面。

### (三)加大对巴基斯坦年轻人的职业技术培训

中国可对巴基斯坦年轻人进行3~6个月的职业技能培训,不仅能为中巴经济走廊建设提供更多有技术的劳动力,而且能更多地让中巴经济走廊成为巴方民众自己的劳动成果,使其更能认识到中巴经济走廊建设的正面意义。

### (四)加强中巴经济走廊主体项目配套措施建设

中巴经济走廊建设中的基础设施项目已经取得重大进展,现在已经进入科技、经济、农业、民生的高质量发展阶段。在这一阶段,应该加强中巴经济走廊主体项目的配套措施,这些措施包括民生、教育、文化、卫生、环境等方面。虽然这些配套项目的投入只占主体项目很小的一部分,却能够帮助企业在盈利和社会责任之间取得平衡,增强巴基斯坦民众的幸福感、获得感,以及对中巴经济走廊的认同感,真正让走廊项目工程在当地落地生根,实现可持续发展。

**（五）中巴两国可利用上海合作组织等平台在阿富汗推进反恐合作**

上海合作组织成员国包括中国、俄罗斯、哈萨克斯坦、巴基斯坦、印度、塔吉克斯坦、乌兹别克斯坦、吉尔吉斯斯坦，观察员国包括伊朗（已启动成为正式成员国程序）、阿富汗等。因此，在美国撤军之后，上海合作组织能够成为推动阿富汗反恐、助力地区稳定的一支重要力量。中国和巴基斯坦可以在上海合作组织的框架之内，加强情报共享、后勤保障等方面的合作，共同打击"巴基斯坦塔利班""东伊运"等恐怖组织。

# 正义运动党与巴基斯坦政党新格局：
# 历史成因与未来走向

杜 芳　徐泽惠　张 露*

**【摘要】** 中巴建交 70 年来，历经国际风云变幻，两国始终保持着良好关系。2018 年，巴基斯坦正义运动党作为政坛第三支力量，仅经过短暂的选举就成功组建政府，打破了巴基斯坦传统的家族政治结构。正义运动党的执政经验较短，与此同时，对于如何处理与正义运动党的关系，中国的经验也相对较少，因此，本文通过分析巴基斯坦政党政治的新变化及其影响，以及巴基斯坦政党政治变革的原因，系统论述正义运动党的起源与发展、崛起及成因、执政后的新特点及其与中国的关系，预判正义运动党领导下的中巴经济走廊建设及中巴全天候战略合作伙伴关系。

**【关键词】** 巴基斯坦；正义运动党；中巴经济走廊

---

\* 杜芳：四川大学国际关系学院中国西部边疆安全与发展协同创新中心副研究员，硕士生导师；徐泽惠：四川大学国际关系学院边疆学硕士研究生；张露：四川大学国际关系学院边疆学硕士研究生。

## 一、导言

中巴建交70年来,历经国际风云变幻,两国始终保持着良好关系,不仅推动两国稳定发展,也对区域稳定与世界和平发挥着至关重要的"压舱石"作用。巴基斯坦正义运动党作为新兴执政党,自2018年执政以来,打破了巴基斯坦传统的家族政治结构,以"正义、人道和自强"为口号登上政治舞台。那么,正义运动党作为新兴执政党如何打败了传统的家族政党?正义运动党的崛起对于传统的家族政党有哪些影响?正义运动党领导下的中巴经济走廊建设进展如何?正义运动党领导下的中巴全天候战略合作伙伴关系走向如何?为回答上述系列问题,本文拟从巴基斯坦政党政治的新变化出发,分析巴基斯坦政党政治变革的原因,论述正义运动党的起源与发展、崛起及成因,以及执政后的新变化及其对中国的影响,以此预判正义运动党领导下的中巴经济走廊建设及中巴全天候战略合作伙伴关系。

## 二、文献回顾

国内外关于巴基斯坦政党政治的研究不多。国内研究重点关注巴基斯坦个别政党,国外研究主要关注军方力量、宗教主义、恐怖主义等对巴基斯坦政治格局的影响。

国内关于巴基斯坦政党政治的研究较少,少量相关研究主要聚焦巴基斯坦政党的描述性研究。例如,叶海林分析了巴基斯坦政党背后的家族势力,认为巴基斯坦传统的家族政党连同整个议会民主体制,都堕落为政治豪强瓜分利益的工具。[1] 王世达论述了巴基斯坦宗教政党的崛起及其成因,

---

[1] 叶海林.巴基斯坦政党背后的世家政治[J].文化纵横,2013(1).

分析了宗教政党是巴基斯坦政治生态演进的必然结果。[1]向文华系统介绍了巴基斯坦人民党的历史沿革。[2]李厚蕾分析了巴基斯坦政党政治及其特点，认为巴基斯坦政党个人化、家族化、地域化、派系化严重，政党组织松散，运行机制滞后。[3]李捷、赵磊从政治动员机制的视角分析了正义运动党以街头政治和互联网为发声平台，树立了可信赖的公众形象。[4]

国外关于巴基斯坦政党的相关研究更多聚焦于军方力量、宗教主义、恐怖主义和极端主义等外部势力对巴基斯坦政党格局的影响。里兹维等记述了军人干政在整个巴基斯坦历史上特别是在其形成时期，对政治结构产生了影响，分析了军人统治者如何利用政党来扩大自身权力。[5]纳扎尔等研究了宗教政党在巴基斯坦的崛起与发展。[6]穆夫提关注巴基斯坦政党由两党制向三党制的转变，关注新兴执政党正义运动党的起源发展。[7]扎伊迪分析了正义运动党执政党领导人伊姆兰·汗的个人魅力及领导力。[8]

可见，国内外关于巴基斯坦正义运动党的深入研究较少，少量的相关

---

[1] 王世达.巴基斯坦宗教政党崛起及其原因[J].国际研究参考，2013（7）.

[2] 向文华.巴基斯坦人民党研究[M].北京：人民出版社，2015.

[3] 李厚蕾.当前巴基斯坦政党政治的特点及其影响[J].当代世界社会主义问题，2018（3）.

[4] 李捷，赵磊.2018年巴基斯坦大选正义运动党胜选原因分析——基于政治动员机制的视角[J].印度洋经济体研究，2019（4）.

[5] HA RIZVI, I E BRARY. Military, State and Society in Pakistan[M].London: Macmillan Press LTD，2000：8.

[6] NAZAR MUDASIR. Islamic Political Parties and the Nature of Politics in Pakistan[J]. Asian Journal of Political Science，2016（2）.

[7] MUFTI M. The Electoral Constraints on Inter-Party Mobility of Candidates: The Case of Pakistan[J]. Comparative Politics，2019（4）.

[8] ZAIDI S A. The End of Democracy or a New Resurgence in Pakistan[J]. Economic & Political Weekly，2018（24）.

研究多聚焦于政党个人领袖魅力、政党在联邦层级的影响力，对于正义运动党的缘起与发展、历史成因及未来走向缺乏相关研究，对于正义运动党如何影响地方层面的意识形态、组织能力与动员能力也缺乏关注。本文试图充实正义运动党这一新兴执政党的系统性学理研究。

## 三、巴基斯坦政党政治的新格局：正义运动党的缘起

### （一）两党制向三党制的转变

巴基斯坦从1953年建国至2018年前，国家一直由民选政府和军政府交替执政，其中民选政府主要由人民党和穆斯林联盟（谢里夫派）两大家族政党竞选执政。人民党成立于1967年，在信德省拥有强大的政治基础；成立于1906年的穆斯林联盟（谢里夫派）则在旁遮普省拥有强大的政治动员力。表1显示了巴基斯坦国民议会议席分配情况。而正义运动党则将开-普省作为主要的选民阵地。

表1 巴基斯坦国民议会议席分配情况　　　　单位：个

| 地区 | 直选席位 | 女性保留席位 | 非穆斯林保留席位 | 总计 |
| --- | --- | --- | --- | --- |
| 旁遮普省 | 141 | 32 | — | 173 |
| 信德省 | 61 | 14 | — | 75 |
| 开-普省 | 45 | 10 | — | 55 |
| 俾路支省 | 16 | 4 | — | 20 |
| 伊斯兰堡首都区 | 3 | — | — | 3 |
| 各地区合计 | 266 | 60 | 10 | 326 |

资料来源：巴基斯坦国民议会网站 http://www.na.gov.pk/en/composition.php。

由表 1 可知，旁遮普省拥有绝对的议会席位优势，其次是信德省和开-普省。2008 年，人民党获选，选举结束半年后，临时军政府穆沙拉夫将军将权力和平移交给人民党。2008—2013 年，人民党充分利用稳定的政治状态，积极治理，在很大程度上实现了国内政治稳定和经济发展。尽管人民党在 2013 年大选中被巴基斯坦穆斯林联盟（谢里夫派）击败，但它成为有史以来第一个完成五年任期的政党。2013 年，穆斯林联盟（谢里夫派）的再次执政，标志着该国首次完成民选政府政党间的和平轮换。同年，正义运动党在国民议会和四个省级议会的席位迅速增加，并在开-普省组建了省级政府，正义运动党赢得了与人民党同等的席位，一举成为第三大党。到了 2018 年，尽管正义运动党参政经验相对较短，但它在议会中获得大多数席位，成功组建联邦政府，并实现了巴基斯坦从两党制向三党制的转变，其中执政党领袖伊姆兰·汗更是受到巴基斯坦年轻选民的广泛推崇。据巴基斯坦国内发行量最大的《黎明报》显示，正义运动党在 18~29 岁年轻选民中的支持率高达 72%，在 30~44 岁的选民中也达到了 68%。[1]

### （二）家族政党政治的衰落

巴基斯坦建国以来，其政党总是由家族豪门主宰。这主要是因为巴基斯坦继承了英属印度的竞选制度，允许多个政党通过竞争性选举获得执政地位，家族豪门往往具备竞选的经济基础；同时，巴基斯坦处于从传统农业国向现代工业国过渡的阶段，随着巴基斯坦建国而成长起来的政党和政

---

[1] Election 2018 Survey Results [EB/OL].（2018-07-09）[2019-08-25].https://www.dawn.com/news/1420422/election-2018-survey-results-and-the-winners-is.

党制度都受到传统社会结构的影响，这意味着家族、社会地位和宗教等传统因素仍然在巴基斯坦政治中发挥着重要作用。巴基斯坦的政党政治高度家族化、个人化、地域化，民主政治只是家族政治的新面孔，议会制度往往沦为家族政治的竞选工具。❶

作为巴基斯坦家族政党之一的人民党，由布托家族主宰，迄今共有五位领导人，都同属于布托家族。其创始人佐勒菲卡尔·阿里·布托出生于巴基斯坦信德省拉卡拉区富有的布托家族，该省是继旁遮普省之后第二重要的省份，布托家族在信德省拥有大量的土地。报告显示，1959年土地改革之前，该家族领导人在拉尔卡纳、雅各布阿巴德、塔达和苏库尔这些城市拥有4万~6万英亩的肥沃土地。因此，人民党的政治基础根植于信德省，通过信德省的投票，人民党总能在国民议会和省议会中获得多数选票。

作为巴基斯坦另一家族政党的穆斯林联盟（谢里夫派），由谢里夫家族主导，该家族在旁遮普省运作了30多年。旁遮普省在巴基斯坦政治中占有主导地位，特别是联邦立法机构占了近60%的席位。前领导人米安·穆罕默德·纳瓦兹·谢里夫在旁遮普省拥有深厚的政治和经济基础，他曾于1990—1993年和1997—1999年担任巴基斯坦总理。2013年，由纳瓦兹·谢里夫领导的巴基斯坦穆斯林联盟（谢里夫派）再次赢得选举，纳瓦兹·谢里夫第三次当选为总理。

与巴基斯坦人民党和穆斯林联盟（谢里夫派）各自强大的家族相比，巴基斯坦正义运动党创始人伊姆兰·汗于1952年出生于非政治家庭。

---

❶ COLIN COOKMAN. A Tilted Playing Field: What Pakistan's Electoral Shifts Could Mean for Imran Khan's Government[EB/OL].（2018-08-02）[2019-08-25].https://warontherocks.com/2018/08/a-tilted-playing-field-whavt-pakistans-electoral-shifts-could-mean-for-imran-khans-government/.

2018年大选后,伊姆兰·汗带领正义运动党以压倒性的优势成功获得竞选,彻底改变了传统的家族政治结构,广泛获得年轻选民的支持。正如伊姆兰·汗所说,"巴基斯坦正义运动党几乎是一场海啸,它已经成为巴基斯坦30岁以下年轻人(约占全国人口70%)的首选"❶。

### (三)省级政治垄断的打破与重塑

2018年大选后,巴基斯坦传统的政治垄断被打破与重塑,正义运动党在开-普省获得的议会席位显著增加,而且在两大家族政党长期经营的旁遮普省和信德省也迅速增加。表2和表3反映了2013年大选和2018年大选三大政党在省级所占席位的变化。

表2　2013年选举中三大政党在省级所占席位　　　　单位:个

| 政党 | 旁遮普省 | 信德省 | 开-普省 | 俾路支省 |
| --- | --- | --- | --- | --- |
| 巴基斯坦穆斯林联盟(谢里夫派) | 212 | 3 | 12 | 8 |
| 巴基斯坦人民党 | 6 | 70 | 3 | 0 |
| 巴基斯坦正义运动党 | 20 | 3 | 35 | 0 |

资料来源:巴基斯坦选举网站 https://electionpakistan.com/.

表3　2018年选举中三大政党在省级所占席位　　　　单位:个

| 政党 | 旁遮普省 | 信德省 | 开-普省 | 俾路支省 |
| --- | --- | --- | --- | --- |
| 巴基斯坦穆斯林联盟(谢里夫派) | 130 | 0 | 5 | 1 |
| 巴基斯坦人民党 | 7 | 75 | 3 | 0 |
| 巴基斯坦正义运动党 | 121 | 23 | 65 | 5 |

资料来源:巴基斯坦选举网站 https://electionpakistan.com/.

❶ COLIN COOKMAN. The 18th Amendment and Pakistan's Political Transitions[EB/OL]. (2010-04-19) [2019-08-25]. https://www.americanprogress.org/issues/security/news/2010/04/19/7587/the-18th-amendment-and-pakistans-political-transitions/.

由表 2 可知，2013 年的省级议会选举中，巴基斯坦穆斯林联盟（谢里夫派）和巴基斯坦人民党分别在旁遮普省和信德省获得了多数选票。巴基斯坦正义运动党主要得到了开-普省的支持。值得一提的是，人民党在旁遮普省只赢得了 6 个席位，而正义运动党则获得了 20 个席位。2013 年的选举结果显示了巴基斯坦政治持续区域化的趋势，不同的政党将继续控制不同的省份。

由表 3 可知，2018 年的省级议会选举中，正义运动党不仅巩固了在开-普省的优势，而且在旁遮普省和信德省也取得了明显进展，尤其是旁遮普省，正义运动党赢得了 121 个席位，而穆斯林联盟（谢里夫派）却减少到 130 个席位。在信德省，正义运动党赢得 23 个席位，与 2013 年相比取得了很大的进步，而穆斯林联盟（谢里夫派）在信德省未赢得任何席位。

这说明由两大家族政党长期垄断的省级议会已经被正义运动党打破，正义运动党提出的"新巴基斯坦"的口号对传统保守的家族政党造成了重大冲击。随着 5 年的选举周期即将到来，这三个政党在省级的竞争将会进一步加剧，正义运动党是否继续保持选举优势，以及其在省级的政治垄断与重塑优势是否能继续保持值得关注。

### （四）"庇护主义政党"功能的失灵

巴基斯坦家族政党人民党和穆斯林联盟（谢里夫派）属于典型的"庇护主义政党"。在拉里·戴蒙德和理查德·冈瑟等学者看来，庇护主义政党往往依托核心人物，基于各自的地理优势、经济优势和特定的选民支持，以特殊派系的形式进行组织动员。这样的政党致使党员间的联结比较弱，组织动员能力相对较弱，其形成的往往是垂直的社会关系网络，更高级别的需求庇护者往往只能运用权力和资源使候选人受益,而受益的候选人则反哺、追随、服务寻求庇护者。这就造成了庇护主义政党当选后只能在局部或者地方动员影响力,在面临国家整体时经常出现功能失灵。

## 四、巴基斯坦政党政治新格局的历史成因:正义运动党的崛起

巴基斯坦传统的家族政治根深蒂固,政党作为掌控国家命脉的世家豪门运用得最娴熟、作用最显著的工具,在治理国家和发展方面产生的作用实际上是负向的。传统的家族政党人民党、穆斯林联盟(谢里夫派)等领导下的巴基斯坦常年经济通货膨胀。在这一大背景下,正义运动党迅速发展,成功打败传统家族政党获得竞选成功,除了伊姆兰·汗的个人魅力外,正义运动党意识形态的号召力、组织动员能力及军民平衡能力在促进巴基斯坦政党政治结构多元化和政党政治变革等方面发挥了重要的作用,这为正义运动党的崛起及发展提供了重要的政治空间。

### (一)正义运动党意识形态的感染力

意识形态是政党实现合法执政地位的主要工具,它反映了成员的精神信仰和共同价值观。自1996年以来,伊姆兰·汗带领的正义运动党的纲领及其文件明确传达了政治、经济、社会和文化宗教等方面的意识形态。

其一,在政治层面,巴基斯坦正义运动党提出"反腐"的口号,以避免国有资产流失。正义运动党领袖伊姆兰·汗呼吁建立透明的政治文化,建立规范的问责制度,重塑人民对政府的信任。该党认为,应该通过民主集中制、透明的政策执行及长期的政治纲领来实现政治稳定。

其二,在经济和社会层面,巴基斯坦正义运动党提出"自强、反贫"

口号。该党认为，来自国际社会的各项援助长期流入腐败政治精英的口袋里，对于真正发展经济和改善民生的作用甚小，无助于消除国家整体性的贫困。该党主张通过积极发展经济减少贫困，同时保障妇女、儿童的受教育权，避免贫困代际传递。

其三，在宗教层面，巴基斯坦正义运动党提出"人道"的口号。该党反对宗教极端主义，谴责利用宗教教条制造恐惧和煽动暴力的行为；主张通过经济发展和社会重构从根源上消除宗教极端主义；主张消除不公平、失业和教育水平低等问题。

此外，正义运动党提出的"包容""民族团结""消除仇恨和偏见"等理念，不断吸纳中产阶级和年轻一代。正如伊姆兰·汗所说，巴基斯坦正义运动党的意识形态对青年团体有着强烈的号召力，为巴基斯坦正义运动党的选举胜利作出了重要贡献。❶

## （二）正义运动党的组织动员力

组织动员能力，指组织对人力、物力、财力、精神力量等的号召力、转化力和组织力。在巴基斯坦，正义运动党的组织动员能力主要表现在党内竞选和国家竞选两个方面。

其一，党内组织动员能力。巴基斯坦传统的家族政党人民党和穆斯林联盟（谢里夫派），党内候选人的选举往往通过家族指定，而正义运动党依托党内有组织、规范的动员能力，成功实现了党内候选人的选举。2012

---

❶ Imran Khan's Party Improves Services in Pakistan's Wildest Province[EB/OL].（2017-06-08）[2019-09-25].https://www.economist.com/asia/2017/06/08/imran-khans-party-improves-services-in-pakistans-wildest-province.

年，正义运动党进行党内选举，并在全国召开地方性预选会议。通过较强的党内组织动员能力，巴基斯坦党内选举前后持续了 6 个月，共有 400 多万名登记在册的党员参加了投票。通过漫长的选举，正义运动党的主席、全国委员会及联邦议员和省级议员均悉数成功选出。这是巴基斯坦首次展开的大规模的党内选举，其顺利选举彰显了正义运动党强大的党内组织动员能力。2017 年，正义运动党再次举行大规模党内选举活动，一方面通过党内选举提前培训新的领导人；另一方面通过舆论和宣传，进一步巩固自己作为公开竞选政党的地位，展现出不同于家族政党的组织动员能力。

其二，国家组织动员能力。在 1997 年的大选中，正义运动党未赢得任何议会席位；在 2002 年的大选中，正义运动党只赢得 1 个议会席位；而在 2013 年的竞选中，正义运动党取得较大突破，赢得了 264 个席位中的 25 个，一跃成为巴基斯坦第三大政党；2018 年，正义运动党继续高歌猛进，赢得了 116 个席位，成为最大政党，选票比例增加到 51.70%。经过几轮席位调整，巴基斯坦正义运动党现拥有 156 个席位，成为国民议会中最大政党。表 4 显示了正义运动党自成立以来至 2018 年的大选情况及其选民对正义运动党的支持率。

表4　1997—2018年巴基斯坦正义运动党的选举情况

| 选举年份 | 国民议会席位数量/个 | 所占国民议会席位/个 | 选票比例 / % |
| --- | --- | --- | --- |
| 1997 | 133 | 0 | 1.65 |
| 2002 | 92 | 1 | 0.83 |
| 2008 | 选举被抵制 | — | — |
| 2013 | 264 | 25 | 16.92 |
| 2018 | 270 | 116 | 31.92 |

资料来源：Pakistan Institute of Development Economics. https://pide.org.pk/.

正义运动党参选以来，经历过零席位、选举被抵制，到2013年成功打败家族政党，再到2018年成功获得大选，席位的不断增加是对该党全国组织动员力最有力的佐证。

### （三）正义运动党的军民平衡力

巴基斯坦政党政治呈现规律的10年民选政府10年军人政府专政的钟摆效应，军事民事关系极其微妙复杂。1947年建国后，巴基斯坦先后发生三次军事政变（1958年、1977年和1999年），出现四次军人执政（1958年、1969年、1977年、1999年）。巴基斯坦政党政治觉悟不够成熟，各政党一旦选举失败就不接受选举过程和结果，由此产生激烈的政党斗争和社会动荡，为军人干政提供了政治空间。实际上，在巴基斯坦，政党政治走到死胡同后由军队出面收拾残局已经成了民众的思维定势。例如，2011年的备忘录事件❶爆发后巴基斯坦独立的历史证明，当政府与军队关系和谐稳定的时候，巴基斯坦社会稳定，经济发展；反之，当政府与军队关系对立甚至发生冲突时，国家往往处于动荡不稳定的状态。所以，在这一特殊背景下，每一个政党无论是在竞选期间还是执政之后，都面临如何处理军方与民选政府的关系问题。若能和谐相处，政党执政的可能性和稳定性都会增加，倘若与军方关系对立或者发生冲突，则会给执政带来风险和挑战。

正义运动党深谙此道，为此执政后建立了一个稳定的民事军事制衡模式。对内，正义运动党通过政党影响力建构稳定有序的政府，同时，军方

---

❶ 2011年11月10日，美国巴裔商人曼苏尔·里亚兹在英国《金融时报》公开称，其在2011年5月9日曾代表巴基斯坦政府向时任美参联会主席递交秘密备忘录，请求美方向巴军方施压，不要借本·拉登之死政变，同时希望美方协助政府更换巴方领导人。作为交换，可以让美政府在巴基斯坦境内实行反恐行动。事件爆出后引起轩然大波。

继续为政府提供隐性支持。对外,军方继续保持对正义运动党领导政府的监督和支持。只要正义运动党获得军方的支持,并且维持国家的稳定,军方就不会轻易取代执政党。从过往发生的军事政变来看,这种民事军事制衡模式是巴基斯坦政治的一大进步,在巴基斯坦历史上是前所未有的。

## 五、巴基斯坦政党政治新格局未来走向:正义运动党的革新

随着巴基斯坦正义运动党的上台,伊姆兰·汗领导的现政府通过挑战现有政治秩序,践行变革理念,履行了一系列革新措施,以塑造一个"新巴基斯坦"。具体革新措施主要表现在提升政府治理能力、重构公民社会结构、经济透明和消减分离主义四个方面。

### (一)提升政府治理能力

正义运动党推行"政府机构"改革,以期实现政府有效治理。伊姆兰·汗提出:"由于公务员薪酬制度不合理,官僚机构倾向于贪污腐败,最终导致政府治理效能低下。"[1] 伊姆兰·汗总理列举了巴基斯坦高速路警察的例子。作为全国唯一"零腐败"的国家机构,高速路警察以高效率和高质量服务著称,成功实现了巴基斯坦 2898 千米高速公路的有效治理,其中的重要原因之一是高速路警察享受丰厚的警员福利待遇。每年,巴基斯坦首都伊斯兰堡高速公路警察总部会举行隆重的颁奖典礼,奖励表现优异的警察。除精神奖励外,政府还重视物质奖励,高速路警察能够获得可观的住房补贴和完善的子女教育优待。伊姆兰·汗认为,高速路警察部队改革对巴基斯坦政府改革有借鉴意义,应积极推广其经验,运用到政府其

---

[1] 巴基斯坦国家警察总局官网。

他组织机构，系统提升政府治理能力。他认为，从长远看，重建巴基斯坦的政府机构是改善公共服务唯一的可持续途径。为此，正义运动党上台后，政府便成立由19人组成的公务员制度改革工作队，负责公务员政策制定，公务员管理、征聘、培训，起草必要的立法及设计联邦和省级公共服务结构等。

### （二）重构公民社会结构

在社会层面，正义运动党作为第三支政治力量带来了两大变化：其一，青年通过社交媒体参与政治及妇女参与政治的比例增加。据报道，巴基斯坦年轻选民占比达到70%左右，同时，一些妇女首次进入国民议会，甚至有妇女加入联邦内阁。来自斯瓦特山谷的年轻人穆拉德·赛义德参与了学生政治，成为通信和邮政联邦部部长。来自卡拉奇市的阿里·扎伊迪当选为国民议会议员，成为海洋事务部部长。其二，中产阶级参政议政需求日益强烈。据相关数据统计，随着城市化进程的快速发展，巴基斯坦中产阶级占比达总人口的35%左右，经济地位的提高和政治参与性的需求，使他们不满于被传统家族政治绑架的局面。因此，年轻一代和中产阶级的政治诉求，从根本上改变了巴基斯坦的政治格局。伊姆兰·汗呼吁建立"新巴基斯坦"的口号，唤醒了该国大多数普通民众，将巴基斯坦更广泛、更有活力的人群纳入社会进行重构，尤其是数以万计的青年人和经济自主的中产阶级彻底解构了巴基斯坦传统的政治参与结构。

### （三）改革经济发展方式

正义运动党执政之后，重要的经济改革方式主要包括三个方面。其一，设立海外非法藏匿资金追回问题工作组，负责收回巴基斯坦人非法藏匿的外国资金。据巴基斯坦国务院报告称，每年腐败政客通过洗钱流出国境的资金超过 100 亿美元，而解决财政危机最有效的手段就是堵住黑钱外流的通道。其二，政府提出增加税收分配方案。这主要基于国内税收覆盖率较低，应缴人群中只有少部分是实际缴税者，政府计划通过提高税收起征点、扩大税基等方式，以期降低通胀率，减少财政赤字，达到可持续水平的目标。❶ 其三，提出全国土地改革方案。巴基斯坦在独立初期，继承了殖民地遗留下来的大地主所有制，80% 的土地控制在大地主、大资本家手中。政府为解决农村土地问题，先后于 1950 年、1959 年和 1972 年进行了三次土地改革，颁布土地改革法，限制个人拥有的土地数量，但均因地主阶级阻碍使三次土地改革以失败告终。伊姆兰·汗领导的政府在前三次土地改革的基础上，重点调整巴基斯坦农村地区的土地所有权，主要目标是达到限制土地的拥有数量，同时又保留相当数量的土地，以期发展规模产业的同时维护佃农的合法权益。

## （四）消除民族分离主义

俾路支省是巴基斯坦最大的省份，地缘战略位置极其重要，全省面积占全国面积的 44%，总人口却只占 5%；自然资源丰富，矿产资源和天然气储量分别约占全国的 50%。长期以来，俾路支省由于人口稀少，所占议会席位较少，导致俾路支人在政治上缺乏话语权，加之经济落后，文化受"萨达尔"❷ 制度的影响而封闭、守旧。在这些因素的影响下，俾路支民族主

---

❶ Is the PTI Budget Sustainable for an Economy Like Pakistan's? [EB/OL].（2019-08-21）（2021-03-02）. http://www.dawn.com/news/1487766.

❷ "萨达尔"一词在俾路支语中意为"比旁人更聪明、更勇敢，熟知部落并身体力行之人"。"萨达尔"制度指通过控制土地、税收和司法制度，使部落与部落民之间产生强烈的人身依附关系，同时婚姻交往呈现一定的排外性。

义逐渐极端化，表现为只顾本民族利益，排斥外来民族，谋求民族分离，滋生出大量分离主义势力。表5显示了巴基斯坦俾路支分离主义势力现状。

表5  巴基斯坦俾路支分离主义势力现状

| 组织分类 | 组织名称 | 领导人 | | 政治立场 | 组织特点 |
|---|---|---|---|---|---|
| | 俾路支学生组织 | 人民派 | — | 温和 | 左翼学生组织；俾路支民族党、俾路支解放军等领导人成长的摇篮；2005年后逐渐形成四个派别：人民派、帕贾尔派、门加尔派、"阿扎德派"；"阿扎德派"主张最为强硬 |
| | | 帕贾尔派 | 阿明·俾路支 | 温和 | |
| | | 门加尔派 | 毛希丁·俾路支 | 温和 | |
| | | "阿扎德派" | 阿拉·纳扎尔·俾路支 凯里迈·俾路支 | 强硬 | |
| 政党 | "俾路支共和党" | 纳瓦卜·阿克巴尔·布格蒂（2006年被杀）现任领导人为卜拉哈姆达格·布格蒂 | | 强硬 | 呼吁国际社会介入俾路支省事务；布格蒂落支持；逐步将其影响力扩展至欧洲 |
| | 俾路支民族党 | 阿陶拉·门加尔 阿赫塔尔·门加尔 | | 温和 | 在巴基斯坦国家体系内寻求俾路支省享有更多政治经济上的自治权，门加尔部落支持 |
| | 民族党 | 阿卜杜勒·哈伊·俾路支 阿卜杜勒·马利克·俾路支 哈西勒·汗·比曾乔 | | 温和 | 主要代表俾路支省中产阶级；与俾路支民族党关系密切，成员相互联系，联合参与政治行动 |
| 武装团体 | "俾路支解放军" | 海尔·巴赫什·马里（2004年病逝）巴拉奇·马里（2007年被袭身亡）现任领导人为希尔比艾尔·马里 | | 强硬 | 俾路支省活动最频繁、最有影响力的分离主义武装政治；马里都部落支持；被巴基斯坦列为恐怖组织 |
| | "俾路支联合军" | 迈赫兰·马里 | | 强硬 | 脱离俾路支解放军独立；马里都部落支持；被巴基斯坦列为恐怖组织 |
| | "俾路支斯坦军" | 贾伟德·门加尔 | | 强硬 | 脱离俾路支解放军的分支组织；门加尔部落支持 |

续表

| 组织分类 | 组织名称 | 领导人 | 政治立场 | 组织特点 |
|---|---|---|---|---|
| 武装团体 | "俾路支共和军" | 卜拉哈姆达格·布格蒂 | 强硬 | 俾路支共和党的武装组织；布格蒂部落支持；巴基斯坦境内被禁 |
| | "俾路支解放阵线" | 阿拉·纳扎尔·俾路支 | 强硬 | 非部落背景；在中产阶级和年轻人中很有影响力；不赞成通过议会政治寻求俾路支省自治权，主张以武装革命的方式直接取得俾路支省的独立 |

资料来源：JAHANGIR J. Political Culture of Balochistan during Military Regime of General Pervez Musahrraf and Indian Interest in Balochistan[J]. Journal of Indian studies，2020，6（1）：93–95.

由表 5 可知，俾路支分离团体众多，其中既有地方性政党，也有地方武装团体，大部分有部落背景，少部分涉及中产阶级，极少数强硬派甚至宣扬将俾路支分离问题诉诸国际社会，试图获得更多国际关注。所以，在全国安全形势向好的情况下，俾路支省的安全问题却十分突出。表 6 显示了 2014—2020 年俾路支省恐怖袭击数量及其造成的伤亡人数情况。

表6　2014—2020年俾路支省恐怖袭击数量及死伤人数

| 年份 | 恐怖袭击数量（起）及在全国占比（%） | 死亡人数（人）及其在全国占比（%） | 受伤人数（人）及其在全国占比（%） |
|---|---|---|---|
| 2014 | 341 / 28 | 375 / 22 | 926 / 29 |
| 2015 | 218 / 35 | 257 / 24 | 329 / 23 |
| 2016 | 151 / 34 | 412 / 45 | 702 / 43 |
| 2017 | 165 / 45 | 288 / 35 | 532 / 31 |
| 2018 | 115 / 44 | 354 / 59 | 589 / 57 |
| 2019 | 84 / 37 | 171 / 48 | 436 / 60 |
| 2020 | 42 / 29 | 95 / 43% | 216 / 39 |

资料来源：Pakistan Institute of Development Economics. https://pide.org.pk/.

鉴于以上所述俾路支严峻的安全形势，正义运动党执政之后，联合俾路支省民族党组建省政府，采取系列措施消除俾路支分离主义。一是在全国举行强有力的反恐举措，努力消除全国的安全问题；二是对俾路支地方政党采取温和路线，主要进行沟通与谈判；三是针对地方武装势力采取合作与打击并重的形式：对于温和立场的组织采取谈判政策，对于激进的组织直接打击。目前来说，这一系列措施整体取得了良好的效果。俾路支分离主义短期内难以解决，而政府采取差异政策消除俾路支分离主义是正确的。

## 六、巴基斯坦正义运动党领导下的中巴经济走廊及中巴关系

正义运动党执政三年来，其领导下的中巴经济走廊建设成效如何？2021年作为中巴经济走廊建设二期项目的开局之年，各项目是否稳妥推进？这些问题都在考验正义运动党领导下的中巴关系及中巴经济走廊建设。不得不承认，正义运动党作为巴基斯坦政党政治的新晋政治力量，确实改变着中巴关系。尤其随着正义运动党执政经验愈发丰富，其领导下的中巴经济走廊建设也进入了关键时间。

整体而言，与中国的友好关系是巴基斯坦外交政策的基石，各政党在对中国友好方面表现出高度的共识。正义运动党执政以来，高度重视中巴关系，积极推进中巴经济走廊建设。2018年，伊姆兰·汗总理会见时任中国驻巴基斯坦大使姚敬时指出，中国是巴基斯坦真正的朋友，对华友好是全巴共识。[1] 同年，伊姆兰·汗总理在其就职演说中明确表示坚定不

---

[1] 中华人民共和国驻巴基斯坦伊斯兰共和国大使馆.驻巴基斯坦大使姚敬会见正义运动党主席［EB/OL］.（2018-01-24）［2019-09-25］.http://www.fmprc.gov.vn.

移支持中巴经济走廊建设,认为中巴经济走廊建设作为"一带一路"旗舰项目,将会给巴基斯坦带来经济腾飞。[1]2021年8月,伊姆兰·汗总理抵达瓜达尔港进行考察,并参加新项目的开幕式。瓜达尔港一期已经顺利完成,二期项目处于紧张建设阶段。一期占地约24.3万平方米,二期占地约890.3万平方米,其中瓜达尔港机场、港口和沿海城市的高速公路、医院等基础设施项目进展顺利。总体而言,正义运动党领导下的政府从以下几个方面落实中巴经济走廊建设。

### (一)深化中巴全天候战略合作伙伴关系

中巴关系已成为不同社会制度国家友好相处的典范。作为21世纪中巴合作最大的项目之一,中巴经济走廊建设规划将持续到2030年。中巴经济走廊是一个长期计划,共分为三个阶段:第一阶段(2015—2020年)已经完成与能源及基础设施相关的早期项目;第二阶段(2020—2025年)主要聚焦合作创建经济特区和扩展产业部门合作;第三阶段(2025—2030年)将进一步扩大两国间的合作,促进经济融合,实现公路、铁路、航空、管道及光纤等方面的联通。

### (二)加强两国高层互访,增强政治互信

2018年11月,伊姆兰·汗总理首次访问中国。除了会见中国政府高级官员外,伊姆兰·汗还与中国商界人士举行了重要会议,签署了15份谅解备忘录,涉及巴基斯坦的扶贫、农业、工业、技术和职业培训方面的合作协议。他强调了巴基斯坦对"一带一路"倡议的重要性和中巴经济走

---

[1] 巴基斯坦正义运动党主席坚定支持中巴经济走廊建设[EB/OL].(2018-07-31)[2019-09-25].http://www.idcpc.gov.cn.

廊的优势,并介绍了瓜达尔港的重要地位。❶2021年5月21日,国家主席习近平与巴基斯坦总统阿尔维就中巴建交互致贺电。同日,伊姆兰·汗在贺电中强调巴基斯坦政府致力于推进中巴经济走廊建设,中巴经济走廊建设是巴基斯坦振兴经济、实现发展的契机,为巴基斯坦国家注入了动能,也为民众的生产生活带来了福祉。

### (三)落实政党共商机制,增强政党互信

2021年7月6日举办的中国共产党与世界政党领导人峰会,提出政党合作构建人类命运共同体的伟业。巴基斯坦前外交官提出中国共产党是发展中国家政党的榜样,中巴经济走廊作为两国合作的一大成果,为巴基斯坦提供超过7万个工作岗位,为巴基斯坦偏远地区带来发展机遇。2021年9月9日,中国共产党与东南亚、南亚国家政党对话会在中国南宁举行,对话会以"加强政党合作,共谋经济发展"为主题,巴基斯坦正义运动党代表巴亚兹德·卡西通过视频连线方式提出,应该珍惜与中国的伙伴关系,顺利落实中巴经济走廊建设。

### (四)发挥中巴经济走廊事务局的特殊作用

2019年9月12日,中巴经济走廊事务局成立,致力于为不同政府部门、中央和地方政府间的沟通进行协调保障,同时,中巴经济走廊事务局对走廊各项目从计划到实施的整个过程进行跟踪、评估及协助,以确保顺利进行。中巴经济走廊事务局前主席阿西姆·巴杰瓦在《光明日报》公开报道称,中巴经济走廊是巴基斯坦21世纪最大的经济合作项目。他指出,

---

❶ 王毅谈中巴外长达成十项重要共识[EB/OL].(2018-09-08)[2019-09-25].http://big5.www.gov.cn/gate/big5/www.gov.cn/guowuyuan/2018-09/08/content_5320432.htm..

中巴经济走廊项目在巴基斯坦总体债务占比不到5%，个别媒体指责中巴经济走廊为"债务陷进"是毫无根据且完全错误的。❶ 中巴经济走廊开展8年来，巴基斯坦能源短缺问题得到了很大解决，交通基础设施建设更加完善，中巴经济走廊项目在建设过程中为巴基斯坦民众创造了大量就业机会和岗位。

当前形势为巴基斯坦正义运动党提供了更多机会，使该党迅速发展为能够巩固其政治基础的政党。在未来几年的执政中，无论该党表现如何，都有必要确保中巴经济走廊项目顺利开展，紧抓巴基斯坦发展的"黄金机遇"，振兴巴基斯坦。

## 七、结论

巴基斯坦政党政治长期以来被内在的社会结构、宗教、家族和地方势力所影响。此外，军民关系也是掣肘巴基斯坦政党政治的关键因素。巴基斯坦正义运动党虽产生于根深蒂固的社会结构，但它大胆采用革新策略，勇于抵制现有政治文化，勇于创造新的政治空间。这种转变表明，巴基斯坦的政治结构仍存在活力。巴基斯坦政府之间权力的和平移交、公开的选举过程和有序轮换的多党制都预示着一个强大政治结构的产生，这为国家的强大奠定了基础。

---

❶ 中巴经济走廊建设八年来成果丰硕 [EB/OL]. （2021-08-19）[2021-10-25]. https://m.gmw.cn/baijia/2021-08/19/35091398.html.

# 中巴命运共同体建设的挑战与应对策略

杨鹍飞　孙　纬 *

**【摘要】** 中巴命运共同体建设对我国地缘安全有着重要的战略意义，但中巴命运共同体建设面临一定的挑战，在经济上表现为巴基斯坦基础设施落后、产业结构失衡、电力供应短缺、交通运力不足；在文化上表现为中巴人民民心互通程度相对较低，民族、宗教、风俗等的文化壁垒短期内难以破除；在政治上表现为受美国主导、印度策应的"印太战略"钳制，巴基斯坦国内党派博弈，政局不稳，地区争端加剧，社会动荡。为更好更快推动中巴命运共同体建设，需要发挥中巴地缘政治优势，加大"向西开放"步伐；加强中巴经济合作，实现互利共赢；加快促进中巴民间交往交流，推动中巴人民民心相通；加强中巴安全合作，构建打击国际恐怖主义的跨国协同机制。

**【关键词】** 中巴命运共同体；风险；应对策略；百年大变局

2015年4月21日，中国国家主席习近平在巴基斯坦议会上发表题为

---

\* 杨鹍飞：四川大学国际关系学院中国西部边疆安全与发展协同创新中心副研究员，硕士生导师；孙纬：四川大学国际关系学院中国西部边疆安全与发展协同创新中心硕士生。

《构建中巴命运共同体 开辟合作共赢新征程》的重要演讲,指出构建中巴命运共同体,是中巴两国政府和人民从两国根本利益出发作出的战略抉择。近年来,国内学术界对"中巴经济走廊"展开了多层面、多领域的研究,既有从国际经济角度分析其对中巴经济发展的意义,也有从国际政治角度论述其对地缘政治格局的影响。有研究者认为,中巴经济走廊建设是"一带一路"建设的重要抓手❶、旗舰项目与样板工程❷。由于中巴经济走廊建设的重大价值,不少学者聚焦中巴经济走廊建设的风险❸与挑战❹,提出颇具价值的对策建议❺。

"中巴命运共同体"作为一个全新的国际政治概念引起国内外热议,但是,国内学术界关于中巴命运共同体研究的文献屈指可数,更多的是讨论与此紧密相关的中巴经济走廊。这也许是因为国内学术界存在一种潜在的共识,即中巴命运共同体是中巴经济走廊的升级版,中巴经济走廊的研究已经较为深入,无须另起炉灶叠床架屋去研究中巴命运共同体。这种观点其实存在一定的偏误。在 2017 年 1 月 18 日习近平主席在瑞士日内瓦发表题为《共同构建人类命运共同体》的主旨演讲后,我们更加深刻地理解了中巴命运共同体的内涵。由于学术界对中巴命运共同体缺乏深入的研究,本文试图在界定中巴命运共同体内涵的基础上分析其风险,并提出科学合理的对策建议。

---

❶ 陈利君. "一带一路"与中巴经济走廊建设 [J]. 当代世界,2017(1):54-57.
❷ 陈继东,张建全. 中巴经济走廊在"一带一路"建设中的定位 [J]. 新疆师范大学学报(哲学社会科学版),2016,37(4):125-133.
❸ 姚芸. 中巴经济走廊面临的风险分析 [J]. 南亚研究,2015(2):35-45,155.
❹ 刘宗义. 中巴经济走廊建设:进展与挑战 [J]. 国际问题研究,2016(3):122-136,138.
❺ 郑刚. 中巴经济走廊的风险挑战、大战略思考及其对策建议 [J]. 太平洋学报,2016,24(4):89-95.

## 一、中巴命运共同体的含义

### （一）共同体的含义

从共同体的字面含义来看，主要是指涉人类的社会联合或团体，最初源于古希腊哲学家亚里士多德的城邦观念。亚里士多德认为，"人类自然是趋向于城邦生活的动物"❶，"每一个城邦(城市)各是某一种类的社会团体……这种至高而广涵的社会团体就是所谓'城邦'，即政治社团（城市社团）"❷。

1887年，德国社会学家滕尼斯把共同体（community）与社会（society）概念区分开，"community"有时也被译作"社区"。"共同体"这一概念在20世纪50年代开始逐渐替代"社会"成为考察人类历史的另一个视角。❸马克思从人类个体自由到必然及全人类解放的角度界定共同体的内涵，"在真正的共同体条件下，各个个体在自己的联合中并通过这种联合获得自己的自由"❹。

其实，共同体核心指向在于不特定数量的人或由人组成的团体及因特定关系形成的正式或非正式的联合体。它可以是若干人因共同目标而组成的项目小组，也可以指涉因共居于特定空间而形成的社区或村落。从广义

---

❶ 亚里士多德.政治学［M］.吴寿彭，译.北京：商务印书馆，1983：3.
❷ 同❶.
❸ 张康之，张乾友.对共同体演进的历史考察——兼论人文社会科学研究的共同体视角［J］.西北大学学报（哲学社会科学版），2008（4）：94.
❹ 中共中央马克思恩格斯列宁斯大林著作编译局.马克思恩格斯选集：第1卷［M］.北京：人民出版社，2012：199.

来讲，共同体的意涵可扩展至政治共同体（国家）、经济共同体、文化共同体及共同体的联合。❶

## （二）共同体的分类

关于共同体的分类，西方社会学研究者根据自己对共同体的认识形成了各自不同的划分标准。德国社会学家滕尼斯从人类的两种意志形式（本质意志和选择意志）将人类共同体划分为社区与社会两种类型，进而将社区划分为血缘共同体、地缘共同体和情感共同体三种类型。❷1893年，法国社会学家涂尔干发表了社会学经典著作《社会分工论》，在书中阐述了他的共同体类型思想——"机械团结"和"有机团结"。他认为，"在第一种意识里，我们与我们的群体完全是共同的，因此我们根本没有自己，而只是社会在我们之中生存和活动；相反，第二种意识却把我们的人格和特征表现出来，使我们变成了个人"❸。涂尔干的共同体思想已经突破地缘和血缘的范畴，开始关注共同体的团体关系属性。有研究者吸收滕尼斯和涂尔干的共同体思想，将共同体分为"地域性类型"和"关系性类型"，"一般来讲，共同体通常被描述为两种类型，一是地域性类型（如村庄、邻里、城市、社区等地域性社会组织），二是关系性类型（如种族、宗教团体、社团等社会关系与共同情感）"❹。

费孝通最先将"共同体"的概念引入我国，为了使之区别于"社会"

---

❶ 张奎良.马克思人的本质思想的全景展示[J].天津社会科学，2014（1）：10.
❷ 杨鹍飞.民族互嵌型社区：涵义、分类与研究展望[J].广西民族研究，2014（5）：18.
❸ 涂尔干.社会分工论[M].渠东，译.北京：生活·读书·新知三联书店，2000：891.
❹ 杨鹍飞.中华民族共同体认同的理论与实践[J].新疆师范大学学报（哲学社会科版），2016，37（1）：91.

而将其翻译成"社区"。国内学者对社区的分类也随"地域主义→功能主义→地域（行政）功能主义"[1]定义的变化发生变化。例如，郑杭生从地域差异角度将社区分为城市社区、农村社区、小城镇社区和城乡联合社区。也有学者从功能角度将社区进行分类，如罗阳以傣族社区为例，按功能将社区分为城郊非农区、农村社区（又分经济作物区、水稻种植区）和旅游区。[2]综上所述，我们可以看出，共同体的分类维度是多元的，可以分为政治共同体、经济共同体、文化共同体等类型。这些类型的共同体也可以因规模、地域进一步区分为国家共同体、地区共同体等，共同体性质也可以因内部关系的变化形成新类型的共同体。

### （三）建设中巴命运共同体的意义

中巴命运共同体建设有利于继续巩固、深化和发展中巴关系，有利于我国"一带一路"倡议的实施，也有利于推动我国西北边疆的开发与开放，对于中国边疆治理理论与实践有着重要的现实意义。

1. 有助于树立国际关系典范，建构新型国际关系的范本

1951年中巴建交以来，两国相互支持，积极合作，共同维护亚洲地区和平与稳定。2011年，中巴建交60周年，两国领导人共同宣布2011年为"中巴友好年"，进一步巩固和深化传统友谊与合作。[3]2013年9月和10月，中国国家主席习近平分别提出建设"新丝绸之路经济带"和"21世纪

---

[1] 杨鹍飞.民族互嵌型社区：涵义、分类与研究展望[J].广西民族研究，2014（5）：19.
[2] 罗阳.西双版纳傣族封建领主制的社会阶层与社区类型[J].云南民族大学学报（哲学社会科学版），2006（5）：73.
[3] 杜幼康.中巴战略合作伙伴关系：相互认知、特点及发展前景[J].南亚研究季刊，2011（2）：10.

海上丝绸之路"的合作倡议，借用古代"丝绸之路"的历史符号，主动发展与沿线国家的经济合作伙伴关系，共同打造政治互信、经济融合、文化包容的利益共同体、命运共同体和责任共同体。中巴经济走廊更是将中国"向西开放"与巴基斯坦重振经济的发展战略紧密结合，中巴经济走廊标志着中巴两国传统的政治战略友好关系向务实的经济战略共赢关系转变，是两国战略合作伙伴关系不断深化的具体表现。❶2015年4月，习近平主席访问巴基斯坦，提出将中巴关系上升为全天候战略合作伙伴关系。中巴构建命运共同体，符合中巴两国的共同利益。中国实现伟大复兴的中国梦与巴基斯坦成为"亚洲之虎"的梦想都需要与对方加强合作，在政治上互相予以支持，维护共同利益，实现和平发展、国家富强的共同目标。

2. 有助于推进我国石油安全战略，降低石油通道运行成本

中巴经济走廊是从中国新疆喀什至巴基斯坦瓜达尔港的能源、基础建设经济通道。瓜达尔港是位于巴基斯坦俾路支省的深水不冻港，坐落于盛产石油的波斯湾和阿曼海峡的战略要地。❷

中国石油进口来源主要是沙特、安哥拉、伊朗等中东地区。进口石油运输途径主要是海上运输与管道运输。其中，海上运输总量占石油进口总量的90%，而海上运输70%经过马六甲海峡。❸目前，从中东到中国，中国的海上石油之路长达14 490千米。从瓜达尔港到喀什，贯穿巴基斯坦南

---

❶ 熊彬臣.中巴经济走廊建设项目风险管理探析——以巴基斯坦拉合尔轨道交通橙线项目为例［J］.低碳世界，2018（8）：317.

❷ 韩哲.瓜达尔港的地缘经济学［N］.北京商报，2015-04-22.

❸ 中国的石油进口主要来源和途径有哪些［EB/OL］.（2020-05-15）［2021-10-11］.https://www.docin.com/p-2363526264.html

北和连结中国西部的中巴铁路与公路一旦贯通,将石油运到瓜达尔港,再由陆路输往中国,中国的石油运输路程将缩短85%,能够大大降低中国海上石油之路的经济和时间成本。❶从中国运往中东、非洲的货物,经过中巴经济走廊,时间可以从45天缩减至10天左右。❷2001年,中国应巴基斯坦总统穆沙拉夫请求援建瓜达尔港,彼时中国援建瓜达尔港的主要定位是增加中国能源运输的安全性与能源进口渠道的多样性。2013年,中国获得对瓜达尔港40年的运营权,瓜达尔港不仅是中国能源进口的重要中转站,更是中国"向西开放"的出海港口、海洋起点。❸

3. 助力于促进中巴两国经济健康发展

数据显示,从2013年开始,中国对巴基斯坦的直接投资不断增加,在巴的FDI(外商直接投资)排名居第一位。2017年,巴基斯坦FDI净流入超过20亿美元,其中中国投资总额为11.86亿美元,主要投资于电力、通信、交通运输等行业。❹至2021年9月,中巴经济走廊建设成果丰硕,累计为巴基斯坦带来254亿美元直接投资❺,有力地缓解了巴基斯坦电力能源供应短缺、基础设施落后、财政赤字严重等问题。

巴基斯坦是贸易"潜力增长型"国家,其与中国的贸易规模较大,且贸易额增长较快,在全球贸易疲软的背景下表现尤其突出,每年的贸易总

---

❶ 瓜达尔港预计4月投入运营 中国石油运输路程将缩短85%[EB/OL].(2015-02-21)[2021-10-11].https://www.guancha.cn/strategy/2015_02_21_309997.shtml.

❷ 同❸.

❸ 韩哲.从中巴全天候到万隆60年[N].北京商报,2015-04-23.

❹ 巴基斯坦2016-17财年经济运行情况及2017-18财年经济展望[EB/OL].(2017-05-28)[2021-09-11].http://pk.mofcom.gov.cn/article/ztdy/201711/20171102667112.shtml.

❺ 中巴经济走廊累计为巴带来254亿美元直接投资[EB/OL].(2021-09-24)[2021-10-11].https://baijiahao.baidu.com/s?id=1711785185600948600&wfr=spider&for=pc.

额超过 100 亿美元。❶ 中巴经济走廊是从新疆喀什至瓜达尔港的公路、能源、通信要道，新疆具有得天独厚的贸易优势，主要出口产品是机电产品、鞋类、服饰，主要进口农产品。新疆喀什地区与巴基斯坦接壤，巴基斯坦哈维连铁路、喀喇昆仑公路经过新疆红其拉甫陆运口岸，可以将新疆与巴基斯坦优势产品互贸互市。同时，新疆紧紧抓住"一带一路"发展机遇，全力建设丝绸之路经济核心区；建立喀什经济特区，发展霍尔果斯等对外口岸，实施优惠政策，使喀什甚至是整个新疆地区在与巴基斯坦贸易中受惠。❷2009 年，新疆喀什地区开始与巴基斯坦在投资贸易过程中开展人民币结算业务。受巴基斯坦外汇短缺等原因的影响，人民币结算业务在巴基斯坦推广迅速。人民币结算业务促进了喀什与巴基斯坦的贸易往来，促进了人民币的国际影响力，同时缓解了巴基斯坦美元外汇短缺问题。但需要注意的是，新疆与巴基斯坦贸易逆差大，大量涌进的巴基斯坦卢比需要消化。❸

4. 有助于防范和打击暴力恐怖主义

中巴军事合作包括传统安全与非传统安全方面。随着恐怖主义、毒品贸易全球化等问题的突出，中巴两国需要在加强军事技术合作的同时，建立反恐机制，进行反恐军演，加强中巴在打击"三股势力"方面的合作。"三股势力"即暴力恐怖势力、民族分裂势力、宗教极端势力，是巴基斯坦国内最主要的安全威胁。❹中巴先后联合举行海军"友谊–2005"军事演

---

❶ 中国与"一带一路"沿线国家贸易合作报告（2016）[EB/OL].（2019-05-05）[2021-10-08]. https://wenku.baidu.com/view/08546758f605cc1755270722192e453611665b7d.html.

❷ 江瑞瑞，程云洁."中巴经济走廊"视角下新疆与巴基斯坦贸易问题探究[J].安徽职业技术学院学报，2015，14（3）：24.

❸ 李景峰. 中国喀什对巴基斯坦开放研究[J].战略决策研究，2014，5（3）：44.

❹ 丁建军. 巴基斯坦安全形势对中巴经济走廊建设的影响——以"三股势力"为中心[J]. 南亚研究季刊，2020（4）：25.

习，陆军"友谊-2006"反恐军事演习，陆军"友谊-2011"反恐联合演习。随着"三股势力"的猖獗与武力装备的提升，反恐军事合作是中巴两国军事合作的重点。同时，随着中巴经济走廊建设中对瓜达尔港开发力度的加大，中巴两国在瓜达尔港海军力量合作会逐步加强。❶

## 二、中巴命运共同体建设面临的挑战

作为"一带一路"倡议的样板工程，中巴经济走廊的建设能够起到良好的带头作用，大力推动南亚区域经济发展。然而，正在稳步推进建设的中巴经济走廊仍因巴基斯坦国内政局不稳定、极端势力活动频繁等因素而面临着诸多挑战。

### （一）经济挑战

巴基斯坦政府为外商投资给予优厚的待遇和优惠的政策，创设良好的市场投资环境，推动经济有序发展。但受制于基础设施、产业结构等其他因素的影响，中巴经济走廊建设仍然存在诸多经济挑战。

首先，巴基斯坦电力供应和交通运输能力不足、基础设施尚不完善等因素严重阻碍该国经济发展。巴基斯坦基础设施建设领域资金严重不足，对外国援助和融资的依赖程度较高。世界银行全球竞争力指数显示，巴基斯坦基础设施建设在全球137个国家中排名110，低于南亚地区整体水平，具有较大发展空间。"交通方面，巴基斯坦2017年公路总里程仅有26.44万公里，公路密度为0.32公里/平方公里，远低于南亚其他国家。"❷此外，

---

❶ 袁楠.中国与巴基斯坦安全合作研究[D].上海：上海师范大学，2013：69.
❷ 倪晓宁，杨雪雯."一带一路"援外医疗网络建设缘起与挑战[J].合作经济与科技，2020（1）：105.

巴基斯坦虽然拥有众多优良港口，海运条件优越，但本国实际海运能力较弱，货物进出口多依赖外轮。"巴基斯坦电力供应紧张，夏季用电高峰时期，部分城市每日停电可达 12 小时，农村每日停电时间可达 16 小时。电网建设落后，与周边国家互联互通程度不高，输电损耗过大。"❶ 其次，巴基斯坦的产业结构落后，以农业为主导，工业体系不健全，各产业间并没有建立良性循环。最后，巴基斯坦投资环境欠佳是影响中巴经济走廊建设又一经济挑战。巴基斯坦国内财政赤字严重，同时背负巨额外债，"根据世界银行最新发布的营商环境排名（2015），巴基斯坦在 189 个国家和地区中排第 128 位"❷，严重影响中国企业在巴基斯坦投资。此外，中巴项目合作与开发，以政府间、大型国有企业为主，需要进一步推动地区性小额贸易往来。❸

### （二）文化挑战

受中巴两国经济差异的影响，中国对巴基斯坦的援建、援医项目活动居多，但是基层民众的文化交流不够丰富。从文化交流来看，虽在民间交流上取得一定的进展，但总体上依然以政府间沟通为主要交流方式。

中巴两国政府间的合作主要以政治安全领域的合作为主，人员沟通往来相对较少。民众对两国民族风俗习惯、宗教信仰缺乏深刻的认识，容易导致在中巴经济走廊的建设过程中形成文化壁垒。此外，中巴两国宗教、语言、文化等方面存在较大差异。巴基斯坦是穆斯林文化体系，中国深受

---

❶ 倪晓宁，杨雪雯．"一带一路"援外医疗网络建设缘起与挑战 [J]．合作经济与科技，2020（1）：105.

❷ 姚芸．中巴经济走廊面临的风险分析 [J]．南亚研究，2015（2）：43.

❸ 王乾润．中巴经济走廊背景下中国新疆与巴基斯坦经贸合作模式思考 [J]．北方经济，2017（9）：31.

儒家文明的熏陶与影响。两国主体文化的差异和思维方式的不同会对中巴经济走廊的建设带来不确定因素。

### （三）政治性挑战

首先，美国、印度等在南亚的战略和政策影响中巴命运共同体建设。美国在中国西部外延的"弧形地带"（中亚、南亚、东南亚、西亚、非洲）的力量存在和部署，客观上形成了对中国新战略的包围或遏制。❶中国提出"一带一路"倡议，打造中巴经济走廊。美国则提出"新丝绸之路"计划，以经济手段拉拢巴基斯坦，围堵中国"向西开放"。此外，美国干预巴基斯坦俾路支省事务，加剧了当地局势的复杂性，影响中巴经济走廊建设的进程。

其次，党派之间政治博弈加剧导致巴基斯坦政局持续动荡，社会动乱阻碍经济发展。虽然有报道称巴基斯坦政党林立、斗争不断，但政党间对中国、中巴经济走廊建设几乎均持接受与欢迎态度。对于中国而言，中巴经济走廊建设是我国内陆实现全面对外开放的重要部署。然而，仅仅以喀什为开发和核心区对区域经济建设的促进作用有限。作为中巴两国建立全天候合作关系的新动能和我国"一带一路"倡议的样板项目，中巴经济走廊建设需要从整体统筹规划，应以整个国家丰厚的物产资源和雄厚的经济基础为依托，同时有效发挥新疆在中巴经济走廊建设中的地缘优势条件，协力推动建设中巴经济走廊。❷

最后，巴基斯坦内部政局的长期持续动荡和区域争端的频繁冲突，致

---

❶ 马良成. 中国"向西开放"战略与伊斯兰世界关系研究 [D]. 昆明：云南大学，2015：32.
❷ 闫海龙. 关于扩展中巴经济走廊国内段空间范围的思考 [J]. 决策咨询，2017（2）：5.

使巴基斯坦难以在短期内摆脱安全风险。暴恐势力、民族分裂势力与宗教极端势力是中巴命运共同体建设的主要威胁。

## 三、中巴命运共同体建设风险的应对策略

### （一）发挥中巴地缘政治优势

巴基斯坦具有极其重要的战略地位。巴基斯坦处于中东、中亚、南亚的中心位置，位于南亚次大陆西北部的印度河流域，海湾产油区的侧翼，扼波斯湾的出海口；东接印度，东北和中国接壤，西北与阿富汗交接，经过阿富汗"瓦罕走廊"便可到达中亚的塔吉克斯坦；西南毗邻伊朗。巴基斯坦是南亚通往中亚、西亚的陆上交通要冲，也是中亚国家出海的捷径。

巴基斯坦良好的地缘政治优势对中国具有重要意义。首先，地处印度洋沿岸的巴基斯坦是中国西部重要的海上通道，其已成为中国新疆"向西开放"的桥梁和枢纽。其次，通过巴基斯坦中国可开通通往西南亚、欧洲、非洲的重要陆空航线。最后，利用中巴接壤的天然地理优势，可以铺设输油管道，石油可以从巴基斯坦上岸新疆。

随着全球化的发展，宗教极端势力、暴力恐怖势力、民族分裂势力的流动性增强，中国新疆对"三股势力"的动态监控、武力打击离不开与伊斯兰国家的合作。中国提出"一带一路"倡议，致力于打造中巴经济走廊旗舰项目。随后美国提出"新丝绸之路"计划，俄罗斯提出"欧亚联盟"计划，印度提出"南北通道走廊"梦想，中、美、俄、印之间的博弈加剧。为此，中国应该加强与巴基斯坦的合作，全力打造中巴经济走廊，加大"向西开放"步伐，既推动中国新疆地区的发展，又提升中国的国际影响力。

## （二）加强经济合作互利共赢

要大力推进中巴经济走廊的建设，形成以中巴经济走廊建设为中心，瓜达尔港、能源、交通基础设施、产业合作为四大重点的"1+4"合作布局。[1]中巴两国积极推动《中巴经济走廊远景规划（2017—2030年）》，与巴基斯坦"愿景2025"国家发展战略对接，推进中巴"一带一路"建设，为中巴未来的经济合作注入新动能。

一方面，中巴两国经济互利共赢需要两国政府的支持，以此加强巴基斯坦和中国新疆地区的经济贸易往来。中国可以为来到瓜达尔港的商船提供免费或优惠待遇，以吸引他们进行货物转运，增加进出瓜达尔港的商船数量，简化清关程序，提高港口的吸引力。同时，瓜达尔自由贸易区的进一步发展将充分体现瓜达尔港对自由贸易区的支撑作用和瓜达尔自由贸易区对瓜达尔港的反哺作用，以城兴港，以港带城，使自由贸易区和港口相互促进，相得益彰。[2]可在中国新疆地区成立综合保税区与经济发展特区，为与巴基斯坦的贸易往来提供政策支持、经济优惠与基础设施保障。新疆提出建设成为中国"向西开放"的桥头堡与枢纽站的目标，全力打造丝绸之路核心区。同时，巴基斯坦政府不仅努力为中国企业、中国工人提供安全保障，也在不断加强基础设施建设。中国与巴基斯坦应共同努力，推进中巴经济走廊建设，发挥新疆的桥头堡作用，加强经济互通，实现互利共赢。

---

[1] 颜少君.中巴经济走廊高质量发展研究[J].全球化，2021（3）：111.

[2] 韦巧芳，王国梁.瓜达尔港在中国"西进"战略中的地位与作用[J].新余学院学报，2017，22（2）：91.

另一方面，发挥新疆与巴基斯坦经济的互补性，强化市场效应。巴基斯坦人口超过 2 亿人，对中国来讲，是潜在的巨大市场。新疆地区水果资源丰富，服饰等轻工业产品深受巴基斯坦人民欢迎；新疆地区也从巴基斯坦进口大量粮食作物、海鲜产品等，刺激巴基斯坦经济的发展。巴基斯坦不仅直接受惠于中国的投资，同时受益于中国投资的外溢效应。中国企业的投资为巴基斯坦人民提供大量的工作岗位，提高了当地居民的收入水平，改善了当地民众的生活。

**（三）促进文化交流传播**

首先，增强中巴之间的政治互信。中巴双方应进一步深化双边关系，通过领导人外交、政府外交和公共外交等多种形式，继续保持良好的政治沟通，深化战略互信，增进中国同巴基斯坦各地区力量的理解与共识，形成更加紧密的中巴命运共同体，推动中巴共建"一带一路"行稳致远。❶

其次，加强中巴民间文化交流。中巴关系一直处于和平友好状态，但是中巴交往以政府间、高层交往居多，民间文化交流少。虽然中巴经济走廊建设提出后，中国对巴基斯坦留学生招收的优惠力度加大，但是中巴两国间加深民族文化交流的活动与项目较少。中巴双方可以创建文化交流与合作机制，开展具有长期性、持续性的文化交流活动，通过民间的交流互动化解双方在文化与价值观上的分歧，不断夯实中巴数字丝绸之路建设的社会民意基础。中巴应进行积极的舆论引导，打造更多的人文交流平台，充分发挥两国传媒的宣传作用。

---

❶ 李哲旭. 中巴数字丝绸之路建设：成果、挑战与对策[J]. 国际工程与劳务，2021（8）：59.

最后，秉持合作共赢理念，化解地缘政治分歧。面对美印等大国的干预，"在国际舆论上，中国可以重申不在外建军事基地的原则，打消大国疑虑，争取和平的国际环境"❶。中巴两国需继续秉持合作共赢理念，坚持共商、共享、共建的基本原则，以一种开放和务实的态度欢迎其他国家参与合作。同时，中国需要加大宣传力度，对宣传内容进行积极引导，以切实行动向其他国家表明，中巴经济走廊建设不是为了建立排他性的势力范围与谋求地缘政治利益，而是希望通过平等合作的方式，实现中巴双方利益交集的最大公约数，推动两国经济的转型与发展，增强政府治理能力，维护地区的和平与稳定，展现中国负责任大国的作为与担当。当然，中巴在舆论宣传的过程中还应做好安全防范工作，警惕西方势力的渗透与诋毁。

### （四）加强中巴安全合作

加强中巴安全合作，联合反恐，应对恐怖组织威胁。"必须把严厉打击暴力恐怖活动作为当前斗争的重点，并行推进国内国际两条战线，强化国际反恐合作。"❷巴基斯坦的普什图省和俾路支省具有民族分裂倾向，恐怖势力危及中国参与中国经济走廊建设人员的生命财产安全，其武装暴力影响中巴经济走廊的建设进度。

在对待巴基斯坦国内的民族宗教问题时，中国应保持中立立场，不介入争端。应与巴基斯坦建立稳定的互联互通关系，加强安全合作，打击

---

❶ 韦巧芳，王国梁．瓜达尔港在中国"西进"战略中的地位与作用[J]．新余学院学报，2017，22（2）：91．
❷ 习近平在第二次中央新疆工作座谈会上发表重要讲话[EB/OL]．（2014-05-29）[2021-10-11]．http://www.xinhuanet.com/photo/2014-05/29/c_126564529.htm．

"三股势力"。中巴双方应加强军事技术合作,中国可对巴基斯坦提供必要的援助,提升巴基斯坦对"三股势力"的打击能力。同时,设立反恐合作平台,建立反恐信息交流机制,既有利于巴基斯坦国内的稳定,又有利于中国西部地区的反恐监测。此外,注意"软实力"的跟进,有序推进中巴经济走廊建设,改善中巴经济走廊沿线的经济和社会状况,促进沿线就业情况的改善,提高走廊沿线人民的生活水平,使他们脱离贫困,减少影响瓜达尔港的负面因素,为从根本上消除恐怖主义作出贡献。

在地区联合反恐方面,中国应该加强与区域相关国家的联合反恐合作,保持与美国、俄罗斯、伊朗和印度在内的相关利益国的沟通❶,推动相关国家反恐能力的提升;加强区域反恐合作,维护西部边疆的安全,确保"一带一路"倡议的顺利推进。

## 四、结语

随着"一带一路"倡议的推进及中巴经济走廊建设的开展,巴基斯坦成为中国重要的合作伙伴,两国关系的友好发展有助于构建中巴命运共同体,推进中巴政治互动、经济互通,对中国西部边疆安全与发展也具有重大的现实意义。

---

❶ 李青燕."强印度"下的中国南亚外交[J].世界知识,2016(1):21.